BELGIQUE

ALLEMAGNE

• Reims

LUXEMBOURG

AMPAGNE

LORRAINE

Strasbourg
•

CARTE DE FRANCE

ALSACE

la Seine

RGOGNE

FRANCHE COMTÉ

Dijon
•

Besançon
•

SUISSE

RHÔNE ALPES

Lyon
•

Grenoble
•

ITALIE

le Rhône

Avignon
•
PROVENCE
(du Gard)
CÔTE D'AZUR **MONACO**
Arles •
Aix-en-Provence Nice
• •

Cannes
•

Marseille

MER MÉDITERRANÉE

CORSE

Miyako

La vie heureuse d'Éric et Miyako

Cécile Morel
Ami Kobayashi
Yasuko Kudawara

音声はこちら
http://text.asahipress.com/free/french/miyako/index.html

はじめに

学習者の皆さんへ

　本書『京』エリックと京の物語：文法編は、フランス語初級文法を学ぶための初心者向けの教科書です。ストーリー性もあるのが特徴で、簡単な会話表現も同時に身についていくでしょう。2部構成になっている本書の主人公は日本人女性の京。第1部「夢見る京」では、大学生の京が日本でフランス語を勉強して夢を膨らませる様子を辿りながら、フランス語文法の基礎を学びます。第2部「京の夢、10年後」にはお母さんになった京とその家族が登場。京の夢は叶ったでしょうか…？　第2部では第1部で学んだ文法事項を復習しつつ、新たにやや高度な文法事項も身につけていきます。また、3課ごとに単語あるいは表現のまとめやフランスにまつわるエッセイもあり、フランスの文化にも親しめます。本書を充分に活用して、楽しくフランス語を学びましょう。

この本をお使いくださる先生方へ

　本書はフランス語実習教科書『エリック』エリックと京の物語：会話編（*Éric*, Cécile Morel 著）と姉妹編をなしており、一貫したストーリーを楽しみながら、文法と実習、週一回ずつの授業を通年行うことによって、フランス語初級文法と会話を効率的に習得することができるように作成されました。これは、京都女子大学の全学共通科目としての言語コミュニケーション科目の充実を図る「イーリスプラン」の一環として作られたものでもあります。しかし、本書には文法理解を助けるための短い会話文が各課に含まれていて基本的なフランス語会話表現を身につけることもできるため、文法を中心とした初心者向け教材としてはこの一冊のみでも利用可能です。

　本書は第1部15課、第2部15課から成っており、3課ごとに復習または応用のための単語や表現のまとめとエッセイを挿入して飽きさせない工夫をしています。また、第1部には学習者の予習復習に便利な語彙集と、別冊で達成度確認のための小テストを用意していますのでご利用ください。さらに、学習の一助として、未出または既出の文法事項には 👉 で参照を示しているほか、CD 音声のある箇所には「 🔊 」をつけています。

　本書が多くの方のお役に立てましたら幸いです。また、お気づきの点などについてご意見をお寄せ頂けましたら、それに勝る光栄はございません。

2016 年 10 月

改訂にあたって

　本書のコンセプトはそのままに、文法項目、解説のさらなる充実を目的に改訂を行いました。第1部については各課の文法解説をより詳しくしたほか、下記の点を改訂致しました。1）発音は基礎を冒頭に、詳細を巻末にまとめました。2）5課ごとに文法補足と発展のための「もうちょっと文法を」を設けました。3）音声トラックの「聞き取り」問題部分を独立させて利便性を高めました。問題の難易度も上げています。4）別冊の追加練習問題を用意しました。第2部は3課ごとの「こんな単語を知っておこう」と「エッセイ」の一部に改変または差し替えを行いました。改訂版『京』を引き続きご活用頂ければ幸いです。

2020 年 10 月

著者

京　目次

第2部　Le rêve de Miyako　〜10年後〜

Alphabet 〔alfabe〕 CD 02

Aa Bb Cc Dd Ee Ff Gg Hh Ii Jj Kk Ll Mm Nn
〔ɑ〕〔be〕〔se〕〔de〕〔ə〕〔ɛf〕〔ʒe〕〔aʃ〕〔i〕〔ʒi〕〔kɑ〕〔ɛl〕〔ɛm〕〔ɛn〕

Oo Pp Qq Rr Ss Tt Uu Vv Ww Xx Yy Zz
〔o〕〔pe〕〔ky〕〔ɛːr〕〔ɛs〕〔te〕〔y〕〔ve〕〔dublǝve〕〔iks〕〔igrɛk〕〔zɛd〕

＊青は母音字

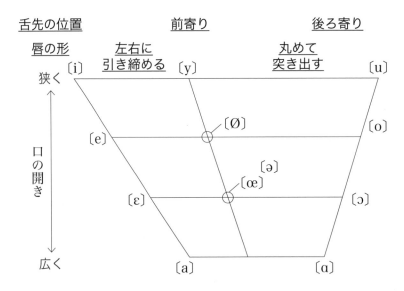

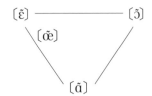

アクサンと綴り字記号

é	e *accent aigu*	: élément, université
è à ù	e, a, u *accent grave*	: élève, voilà, où
ê â û î ô	e, a, u, i, o *accent circonflexe*	: fête, gâteau, flûte, île, hôtel
ë ï	e, i *tréma*	: Noël, Anaïs
ç	c *cédille*	: garçon, français
,	*apostrophe*	c'est
-	*trait d'union*	grand-mère

綴り字の読み方　基礎の基礎

1. 発音しない綴り字

① 語末の子音字　　例）Paris, restaurant, gâteaux

> ＊ただし、 c, f, l, r は多くの場合発音します。
> 　　　　　　例）avec, soif, espagnol, bonjour

② 語末の e　　　　例）classe, France

③ h　　　　　　　例）hôtel, théâtre, Thomas

2. 単母音字：ローマ字読み風に発音します。

a, e, i, o, u, y（アクサン、綴り字記号がつく場合も含みます）

例）ami, cinéma, merci, nature, stylo, université

3. 複母音字：二つ以上の母音字をまとめて発音します。

ai, ei	〔e〕〔ɛ〕	japonais, Seine
ou, où	〔u〕	jour, où
au, eau	〔o〕〔ɔ〕	aussi, beau
eu, œu	〔ø〕〔œ〕	fleur, sœur
oi	〔wa〕	croissant, moi

4. 鼻母音：母音字と m または n との組み合わせです。

an, am, en, em	〔ɑ̃〕	orange, ensemble
ain, aim, in, im	〔ɛ̃〕	pain, impossible
un, um	〔œ̃〕	un, parfum
on, om	〔ɔ̃〕	mon, nom

5. その他：気を付けたい綴り字です。

ch	〔ʃ〕	chinois, chocolat
ph	〔f〕	photo
gn	〔ɲ〕	mignon, champignon
gue, gui	〔g〕	langue, guide,
qu	〔k〕	question, équilibré
...ill	〔ij〕	fille, anguille

☞ 詳しい発音の規則は「綴り字と発音の関係」p.84 ～ 86

発音上の 3 つの約束

1. リエゾン（連音） *liaison*

語末の発音されない子音が次の語の最初の母音と結びついて発音されること。

vous êtes 〔vuzɛt〕　　　les amis 〔lezami〕

2. アンシェヌマン（連続） *enchaînement*

語末の発音される子音が次の語の最初の母音と連続して発音されること。

il est 〔ile〕　　　avec elle 〔avɛkɛl〕

3. エリズィオン（母音字省略） *élision*

　一音で構成されている文法的な語彙の後に母音字または無音の h で始まる語が続くと前の語の母音が省略されてアポストロフであらわされ，後ろの語と続けて発音されること。

　　エリズィオンが生じる語は次の 11 語のみ。je, me, te, se, le, la, de, ne, que, ce, si*
*si は後ろに il, ils が来る場合のみ：s'il, s'ils

j'aime 〔ʒɛm〕　　　je m'appelle 〔ʒ(ə)mapɛl〕

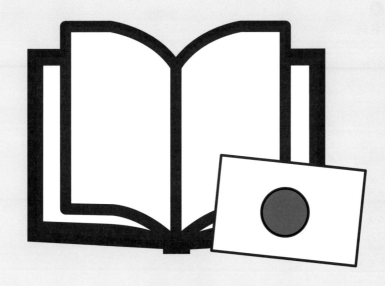

第1部

Miyako rêve

夢見る京

Leçon 1

Lecture 1　私の名前は京です。

CD 04 Bonjour.

Je m'appelle Miyako.

Je suis étudiante en première

année à l'université.

CD 04 ちょこっと文法

主語人称代名詞

je (j')	私は	＊（ ）は母音字の前で
tu	君は	＊tu は親しい間柄で使う二人称
il	彼は それは	
elle	彼女は それは	＊il, elle, on は動詞の 活用は同じ
on	私たちは [一般に]人は、人々は	
nous	私たちは	
vous	あなたは あなたたちは 君たちは	＊vous は単数・複数 両方の意味を持つ二 人称 単数の場合は改まっ た間柄で使われます
ils	彼らは それらは	
elles	彼女たちは それらは	

基本の動詞：être　直説法現在形

je	suis	nous	sommes
tu	es	vous	êtes
il, elle, on	est	ils, elles	sont

例文1

私は学生です。

Je suis étudiante.

例文2

僕は学生です。

Je suis étudiant.

例文3

私たちはパリにいます。

Nous sommes à Paris.

Warming up　例文を参考にしてフランス語にしてみましょう。

1.　彼は学生です。　➡ _____

2.　彼女は学生です。　➡ _____

3.　私たちは大阪にいます。　➡ _____

CD 05 ♪聞き取り　聞こえてくる単語を入れてみましょう。

1）Je（　　　　　）étudiant.

2）（　　　　　）êtes à l'université.

3）Elles（　　　　　）en première année.

👉日常の挨拶表現　第2部1課

Lecture 2 ▶ 今日は月曜日です。

Nous sommes lundi. 🔊 CD 06

Je suis dans la classe. 🔊 CD 06

Voilà le professeur.

ちょこっと文法

être の用法と提示の表現

> nous sommes + 曜日
>
> être + 場所の前置詞 + 場所
> 　　　　（à, dans…）

提示の表現

> Voilà + 名詞

例文 1 ▶ 今日は日曜日ですか。 🔊 CD 06

Nous sommes dimanche ?

例文 2 ▶ 私は家にいます。

Je suis à la maison.

例文 3 ▶ あ、バスが来た。

Voilà le bus.

Warming up　例文を参考にしてフランス語にしてみましょう。

1. 君は大学にいるの？　　　　　➡ _____

2. 今日は月曜ですか？　　　　　➡ _____

3. あ、電車が来た。（電車　le train）　➡ _____

♪ 聞き取り　聞こえてくる単語を入れてみましょう。 🔊 CD 07

1) （　　　　）（　　　　　）à l'université.

2) （　　　　）（　　　　　）dans la classe ?

3) （　　　　　）le professeur.

💬 単語リスト　**曜日**　Les jours de la semaine

lundi	月曜日	mardi	火曜日	mercredi	水曜日	jeudi	木曜日
vendredi	金曜日	samedi	土曜日	dimanche	日曜日		

▼▼▼ Leçon 1 ▼▼▼

Leçon 2

Lecture 1　私はフランス語を学んでいます。

CD 08

J'étudie le français.

J'aime beaucoup le français.

Un jour, peut-être...

CD 08 ちょこっと 文 法

規則動詞：-er 動詞　直説法現在形

-er 動詞の活用語尾	
je	---e
tu	---es
il, elle, on	---e
nous	---ons
vous	---ez
ils, elles	---ent

étudier		regarder	
j'	étudie	je	regarde
tu	étudies	tu	regardes
il, elle, on	étudie	il, elle on	regarde
nous	étudions	nous	regardons
vous	étudiez	vous	regardez
ils, elles	étudient	ils, elles	regardent

👉 regarder の用例 Leçon 4-1

例文 1
CD 08

私はフランス語を勉強しています。

　J'étudie le français.

例文 2

あなたたちは日本語を勉強しているんですね。

　Vous étudiez le japonais ?

例文 3

はい、私たちは英語が好きです。

　Oui, nous aimons l'anglais.

Warming up　例文を参考にしてフランス語にしてみましょう。

1. 僕たちは日本語を勉強しています。　➡ ....

2. 君はフランス語が好き？　➡ ....

3. あの人達は映画（un film）を見ています。➡ ....

🎵聞き取り　聞こえてくる単語を入れてみましょう。
CD 09

1) (　　　　　) (　　　　　　　) le français ?

2) (　　　　　) (　　　　　　　) l'anglais ?

3) (　　　　　) (　　　　　　　) le japonais.

👉 -er 動詞　第 2 部 3 課

Lecture 2 ▶ 私の先生はフランス人です。

Mon professeur est français.
CD 10
Son nom est M. Martin.

Il est gentil.

ちょこっと **文 法**
CD 10
名詞の性別＆複数形

frère	【男】「兄弟」 →	frères	【男・複】
sœur	【女】「姉妹」 →	sœurs	【女・複】
jour	【男】「日・一日」 →	jours	【男・複】
année	【女】「年・一年」 →	années	【女・複】

所有形容詞

例文1 ▶ 彼女の先生はフランス人です。

Son professeur est français.
CD 10

例文2 ▶ 彼の名前はマルタンさんです。

Son nom est M. Martin.

例文3 ▶ 私の名前は京です。

Mon nom est Miyako.

	男性単数	女性単数	複数		単数	複数
私の	mon	ma(mon)*	mes	私たちの	notre	nos
君の	ton	ta(ton)*	tes	あなた[たち]の、君たちの	votre	vos
彼[女]の	son	sa(son)*	ses	彼[女]らの	leur	leurs

＊（　）内は母音もしくは無音の h で始まる語の前で

Warming up 　適切な所有形容詞を入れましょう。

1. こちらが（私の）父のエリック、そして（私の）母の京です。
   Voilà (　　　) père Éric, et (　　　) mère Miyako.
2. （私たちの）子供達のアナイスとトマです。
   Ce sont (　　　　) enfants, Anaïs et Thomas.
3. （あなたの）ご両親によろしくお伝えください。
   Dites bonjour à (　　　) parents.

♪聞き取り　聞こえてくる単語を入れてみましょう。

CD 11

1) (　　　　) professeur aime le japonais ?

2) (　　　　) frère étudie l'anglais ?

3) (　　　　) sœur est à Lyon.

☞ 所有形容詞　第2部2課

Leçon 3

Lecture 1　私は本当にフランス語が大好きです。

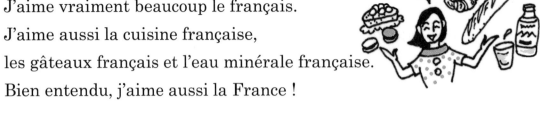

CD 12
J'aime vraiment beaucoup le français.

J'aime aussi la cuisine française,

les gâteaux français et l'eau minérale française.

Bien entendu, j'aime aussi la France !

ちょこっと 文 法

定冠詞

男性単数形	女性単数形	複数形
le (l')	la (l')	les

形容詞

男性単数形	男性複数形	女性単数形	女性複数形
français	français	française	françaises
allemand	allemands	allemande	allemandes

☛ もうちょっと文法を(1) p.12

形容詞の位置（1）

一般的な形容詞：冠詞	名詞	形容詞
la	cuisine	française

☛ Leçon 5-2「形容詞の位置(2)と冠詞の変化」

例文 1
CD 12
私はフランス語が好きです。

J'aime le français.

例文 2
私はフランス料理が好きです。

J'aime la cuisine française.

例文 3
私はフランス菓子も好きです。

J'aime aussi les gâteaux français.

Warming up　適切な定冠詞を入れましょう。

1.　彼はフランス語を勉強しています。　Il étudie (　　　　　) français.

2.　私は英語が好きです。　J'aime (　　　　　) anglais.

3.　彼女はドイツ料理が好きです。　Elle aime (　　　　　) cuisine allemande.

CD 13
♪聞き取り　聞こえてくる単語を入れてみましょう。

1) (　　　　　) aime les gâteaux (　　　　　).

2) (　　　　　) aimons (　　　　　) eau minérale.

3) (　　　　　) aimez (　　　　　) musique ?

Le français est ma passion.
C'est difficile mais c'est aussi amusant.
Le français, la cuisine française,
les gâteaux français : ce sont mes amis !

ちょこっと 文 法

C'est, Ce sont

> C'est + 単数名詞 / 形容詞男性単数形
> Ce sont + 複数名詞

例文 1 ▶ こちらが私の父のエリックです。

C'est mon père, Éric.

例文 2 ▶ これが私の友人達です。

Ce sont mes amis.

例文 3 ▶ これは難しいなあ。

C'est difficile.

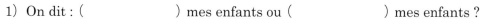

Warming up 例文を参考にして適切な語句を入れてみましょう。

1. こちらが私の母の京です。 (　　　　　　　) ma mère Miyako.

2. これは楽しいなあ。 (　　　　　　　) amusant.

3. こちらが私の子供達のアナイスとトマです。
   (　　　　　　　　　) mes enfants, Anaïs et Thomas.

♪ 聞き取り　聞こえてくる語句を入れてみましょう。　＊会話形式になっています。

1）On dit : (　　　　　　) mes enfants ou (　　　　　　　) mes enfants ?

2）On dit : (　　　　　) mes enfants.

3）Alors on dit : (　　　　　　) ma sœur et (　　　　　　) mon frère.

💬 単語リスト　**家族　La famille**

père	父	mère	母	fils	息子	fille	娘	frère	兄弟	sœur	姉妹
grand-père	祖父	grand-mère	祖母	cousin	従兄弟	cousine	従姉妹				

Leçon 3

Leçon 4

Lecture 1　今日は授業で映画の一場面を見ます。

CD 16

Aujourd'hui, je regarde un extrait de film en classe.

Nous étudions la conjugaison des verbes.

C'est intéressant. Regardons !

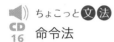

CD 16

ちょこっと 文 法

命令法

Tu regardes	→ Regarde !*
Nous regardons	→ Regardons !
Vous regardez	→ Regardez !

☞ regarder 直説法現在形 Leçon 2-1
＊tu の命令形で活用語尾の s が落ちるのは、-er 動詞と aller のみ

例文 1

一緒にアニメを見ようよ。

Regardons un dessin animé ensemble.

例文 2

トマ、動詞の活用を勉強しなさい！

Thomas, étudie la conjugaison des verbes !

例文 3

映画の一場面を見てください。

Regardez un extrait de film.

Warming up　例文を参考にして適切な動詞を命令法で入れてみましょう。

1. さあ、一緒にフランス語を勉強しましょう。
   Alors, (　　　　　　　　　　) le français ensemble.

2. 見て、あれが僕のフランス語の先生だよ！
   (　　　　　　　　　　) ! C'est mon professeur de français.

3. 動詞の活用を勉強してください。
   (　　　　　　　　　　) la conjugaison des verbes !

CD 17

♪聞き取り　聞こえてくる単語を入れてみましょう。

1) (　　　　　　　　), c'est amusant !

2) (　　　　　　　　), c'est difficile !

3) (　　　　　　　) la nature !

8

Lecture 2 ▶ 動詞の活用は簡単ではありません。

La conjugaison n'est pas facile.

Je n'aime pas la conjugaison du verbe « avoir ».

Je préfère la conjugaison du verbe « être »

et surtout les verbes en « er ». Ce n'est pas trop difficile.

CD 18

ちょこっと文法

否定文

S ne（n'）V pas

例文 1 ▶英語は簡単ではありません。

　　L'anglais n'est pas facile.

例文 2 ▶彼女は "être" という動詞の活用が好きではありません。

　　Elle n'aime pas la conjugaison du verbe
　　« être ».

例文 3 ▶それは難しくはありません。

　　Ce n'est pas difficile.

CD 18

Warming up　例文を参考にして次の文を否定文にしてみましょう。

1. J'aime l'allemand. ➡ ....

2. Mes enfants étudient le français. ➡ ....

3. C'est facile. ➡ ....

♪ 聞き取り　聞こえてくる単語を入れてみましょう。

1）Ce（　　　）est（　　　　）difficile.

2）Ce（　　　）sont（　　　　）mes livres.

3）Nous（　　　　）aimons（　　　　）les glaces.

CD 19

Leçon 4

9

Leçon 5

Lecture 1 今日は私の誕生日です。

🔊 **CD 20** C'est mon anniversaire aujourd'hui.
J'ai dix-neuf ans.
Je suis contente.
Mes parents ont un beau cadeau pour moi.
C'est un petit chien.

🔊 **CD 20** ちょこっと文法

基本の動詞：avoir　直説法現在形

j'	ai
tu	as
il, elle, on	a
nous	avons
vous	avez
ils, elles	ont

例文 1

私の妹は 10 歳です。

Ma sœur a dix ans.

例文 2

私は眠いです。

J'ai sommeil.

例文 3

私の両親は赤い車を 1 台持っています。

Mes parents ont une voiture rouge.

Warming up　動詞 avoir を適切な形に活用させて、文を完成させましょう。

1.　私は 18 歳です。　　　　　　　　J'(　　　　　) dix-huit ans.
2.　（あなたは）暑いですか。　　　　Vous (　　　　　) chaud ?
3.　私の兄は黒い車を持っています。　Mon frère (　　　　　) une voiture noire.

🔊 **CD 21** ♪聞き取り　聞こえてくる単語を入れてみましょう。

1) (　　　　) (　　　　　) faim.

2) (　　　　) (　　　　　) soif.

3) (　　　　) (　　　　　) froid ?

👉 avoir を使った慣用表現　第 2 部 6 課、8 課
　　誕生日関連の語彙　第 2 部 7 課、11 課

10

Lecture 2 ▶ 私の子犬は黒いです。

Mon petit chien est noir.
CD 22

Il a des taches blanches sur les pattes.

Il est mignon, il a de grands yeux et un long museau.

Je vais appeler mon chien « Chocolat ».

ちょこっと **文 法**

不定冠詞

	男性単数形	女性単数形	男女複数形
不定冠詞	un	une	des

形容詞の位置（2）と冠詞の変化

一部の形容詞：	冠詞	形容詞	名詞
	un	petit	chien
	de	grands	yeux

petit, grand, bon, beau, joli, mauvais など
短くてよく使われる形容詞の場合。
複数形のとき、複数不定冠詞 des は de に
変わる。
ただし、色の形容詞（☞ p.62）は基本的
に名詞の後ろに置く。

 Leçon 3-1「形容詞の位置(1)」

例文1 ▶ それは美味しいレストランです。

C'est **un** bon restaurant.

例文2 ▶ それはいい考えだ。

C'est **une** bonne idée.

例文3 ▶ 私はトマトを買いに行きます。

Je vais acheter **des** tomates.

CD 22

▼ ▼ ▼ Leçon 5 ▼ ▼ ▼

Warming up 例文を参考にして適切な不定冠詞を入れてみましょう。

1. それはきれいな家です。　　　　C'est（　　　　）belle maison.
2. それはフランス語の本です。　　C'est（　　　　）livre de français.
3. 私はオレンジを買いに行きます。　Je vais acheter（　　　　）oranges.

♪ 聞き取り　聞こえてくる単語を入れてみましょう。

CD 23

1) Ce sont（　　　　）cadeaux d'anniversaire.
2) C'est（　　　　）joli pull.
3) C'est（　　　）（　　　　）fille.

🔵 単語リスト　**野菜と果物**　Les légumes et les fruits

carotte (女) にんじん　　chou　(男) キャベツ　　épinard　(男) ほうれんそう
pomme de terre　(女) じゃがいも　　tomate　(女) トマト　　orange　(女) オレンジ
pamplemousse　(男) グレープフルーツ　　pêche　(女) 桃　　pomme　(女) りんご
raisin　(男) ぶどう

もうちょっと文法を（1）

名詞・形容詞の複数形と女性形（1）
●●●●●●●●●●●●●●●●●●●●●●

形容詞は関係する語の性・数に応じて変化します。原則としては、基本形である男性単数形の語尾に s をつけて複数形を、e をつけて女性形を作ることができます。「étudiant（学生）」など、職業や立場などを表す一部の名詞も同様の変化をします。

名詞：「学生」

étudiant 【男性単数形（基本形）】　　　étudiants 【男性複数形】

étudiante【女性単数形】　　　　　　　étudiantes 【女性複数形】

形容詞：「小さい」

petit 【男性単数形（基本形）】　　　petits 【男性複数形】

petite 【女性単数形】　　　　　　　petites 【女性複数形】

名詞・形容詞の複数形と女性形（2）
●●●●●●●●●●●●●●●●●●●●●●

「名詞・形容詞の複数形と女性形（1）」でみた原則とは異なる、特殊な複数形、女性形をとる場合もあります。

1）複数形

単数	複数		例
--s --x	--s --x	名詞	pays → pays prix → prix
		形容詞	français → français heureux → heureux
--eau	--eau + x	名詞	gâteau → gâteaux
		形容詞	beau → beaux
--al	--al → aux	名詞	cheval → chevaux
		形容詞	international → internationaux

2) 女性形

男性形	女性形		例
--e	--e	名詞 形容詞	artiste → artiste facile → facile
--er	--ère	名詞 形容詞	pâtissier → pâtissière premier → première
--eux	--euse	名詞 形容詞	vendeur → vendeuse heureux → heureuse
--f	--ve	形容詞	sportif → sportive
--on	--onne	形容詞	bon → bonne

3) 男性単数第二形を持つ形容詞の例

男性単数形	男性複数形	女性単数形	女性複数形
beau bel（第二形）*	beaux	belle	belles
nouveau nouvel	nouveaux	nouvelle	nouvelles
vieux vieil	vieux	vieille	vieilles

＊男性単数第二形は、母音字で始まる語の前に置くときに使います。

特殊な –er 動詞
●●●●●●●●●●●

-er 動詞のなかには特殊な変化をするものがあります。
ここでは、アクサンが変化する préférer （☞ Leçon 4-2）と、アクサンが発生する acheter （☞ Leçon 5-2）、子音の数が変化する appeler （☞ Leçon 5-2）を紹介します。

préférer	**acheter**	**appeler**
je préfère	j'achète	j'appelle
tu préfères	tu achètes	tu appelles
il, elle, on préfère	il, elle, on achète	il, elle, on appelle
nous préférons	nous achetons	nous appelons
vous préférez	vous achetez	vous appelez
ils, elles préfèrent	ils, elles achètent	ils, elles appellent

Leçon 6

Lecture 1 明日、大阪に行きます。

CD 24 Je vais à Osaka demain.
Je vais au théâtre « Shochikuza »
avec une amie.
Nous allons à Osaka en train.

CD 24 ちょこっと文法

動詞：aller　場所と縮約（1）　前置詞 à

aller　直説法現在形	
je	vais
tu	vas
il, elle, on	va
nous	allons
vous	allez
ils, elles	vont

縮約：à + le = **au**　　à + les = **aux**

☞ もうちょっと文法を(2) p.24 aller・venir+ 前置詞 + 国名

例文 1

彼は明日映画に行きます。

Il va **au** cinéma demain.

例文 2

私はトイレに行きます。

Je vais **aux** toilettes.

例文 3

彼女たちは郵便局に行きます。

Elles vont **à la** poste.

Warming up 　例文を参考にして文を作ってみましょう。

1. 彼女はカフェに行きます。（カフェ = le café）　➡ ....

2. 私は大学に行きます。（大学 = l'université）　➡ ....

3. 君達は図書館に行くんだね。（図書館 = la bibliothèque ）➡ ....

CD 25 ♪聞き取り　聞こえてくる語句を入れてみましょう。

1) （　　　　　） va （　　　　　　） anniversaire de Miyako ?

2) （　　　　　） vas （　　　　　　） boulangerie ?

3) （　　　　　） vont （　　　　　） parc.

Lecture 2 ▶ 私たちは歌舞伎を見に行くことにしています。

Nous allons voir du théâtre Kabuki.
CD 26
Je vais acheter un bento au théâtre.
Mon amie aussi va acheter un bento.
Nous allons passer une bonne journée.

ちょこっと 文 法
CD 26
直説法近接未来形

作り方：aller の現在形の活用 + 動詞の不定詞	
je	vais voir
tu	vas voir
il, elle, on	va voir
nous	allons voir
vous	allez voir
ils, elles	vont voir

例文 1 ▶ 私はパン屋さんにバゲットを一本買いに行きます。
CD 26

Je vais acheter une baguette
à la boulangerie.

例文 2 ▶ ガルニエのオペラ座にバレエを見に行きましょう。

On va voir un ballet à l'Opéra Garnier.

例文 3 ▶ 彼らは学校に行くでしょう。

Ils vont aller à l'école.

Warming up 上の３つの例文の主語を指示通り変えてみましょう。

1. Je ➡ Tu (　　　　　) acheter une baguette à la boulangerie.

2. On ➡ Nous (　　　　　) voir un ballet à l'Opéra Garnier.

3. Ils ➡ Vous (　　　　　) aller à l'école.

♪聞き取り　聞こえてくる単語を入れてみましょう。
CD 27

1) (　　　) (　　　　) aller à la piscine.

2) (　　　) (　　　　) regarder un film.

3) (　　　) (　　　　) voir des amis.

👉 直説法近接未来形　第２部４課

▼▼▼ Leçon 6 ▼▼▼

Leçon 7

Lecture 1 　歌舞伎役者たちは東京から来ることが多いです。

🔊 **CD 28** Les acteurs de Kabuki viennent souvent de Tokyo.
Les théâtres de Kabuki sont nombreux à Tokyo.

🔊 **CD 28** ちょこっと 文 法

動詞：venir　場所と縮約（2）　前置詞 de

venir	直説法現在形
je	viens
tu	viens
il, elle, on	vient
nous	venons
vous	venez
ils, elles	viennent

縮約：de + le = **du**　de + les = **des**

👉 もうちょっと文法を(2) p.24 aller・venir+ 前置詞 + 国名

例文 1
私は京都出身です。
　Je viens **de** Kyoto.

例文 2
このリンゴは青森産です。
　Ces pommes viennent **d'**Aomori.

例文 3
このワンピースはイタリア製よ。
　Cette robe vient **d'**Italie.

🔊 **CD 28**

Warming up　動詞 venir を適切な形に活用させて、文を完成させましょう。

1. 君はどこ出身なの？　　　　　　　　　Tu （　　　　　　　） d'où ?

2. このお肉は神戸牛ですか？　　　　　　Cette viande （　　　　　　） de Kobe ?

3. あなた方はイタリアから来られたんですか？　Vous （　　　　　　） d'Italie ?

🔊 **CD 29** 🎵聞き取り　聞こえてくる単語を入れてみましょう。

1) （　　　　）（　　　　　　） de France.

2) （　　　　）（　　　　　　） de Suisse.

3) （　　　　）（　　　　　　） du Portugal.

Lecture 2 ▶ お弁当にはお魚やお肉、うなぎや野菜が入っています。

Dans un bento, il y a du poisson,
de la viande, de l'anguille et des légumes.
Je viens de faire un repas équilibré.

CD 30

ちょこっと **文** **法**

部分冠詞

男性形	女性形
du (de l')	de la (de l')

直説法近接過去形

作り方：venir de + 動詞の不定詞

je	viens de faire
tu	viens de faire
il, elle on	vient de faire
nous	venons de faire
vous	venez de faire
ils, elles	viennent de faire

例文1 ▶お茶を入れるわね。

CD 30

Je vais préparer du thé.

例文2 ▶市場でサラダ菜買ってきて。

Va acheter de la salade au marché.

例文3 ▶台所に油があるわ。

Il y a de l'huile dans la cuisine.

Leçon 7

Warming up 例文を参考にして適切な部分冠詞を入れてみましょう。

1. 冷蔵庫にビールがあるわ。　　　Il y a (　　　) bière dans le frigo.

2. コーヒー入れたよ。　　　　　　Je viens de préparer (　　　) café.

3. ミネラルウォーターありますか？　Vous avez (　　　) eau minérale ?

♪ 聞き取り　聞こえてくる単語を入れてみましょう。

CD 31

1) Je prends (　　　　) bière.

2) Nous mangeons (　　　　) gâteaux ou (　　　　) glaces.

3) Elles prennent (　　　　) jus de fruit ou (　　　　) eau minérale.

👉 動詞 prendre 直説法現在形 Leçon8-1

💬 単語リスト　**飲み物　Les boissons**

bière （女）ビール	café （男）コーヒー	café au lait カフェオレ	
eau （女）水	jus （男）ジュース	jus d'orange オレンジジュース	thé （男）お茶
vin （男）ワイン	vin blanc 白ワイン	vin rouge 赤ワイン	

Leçon 8

Lecture 1 〈ショコラ〉はおもちゃが好き。

« Chocolat » aime son jouet.

Il prend son jouet avec lui.

Moi, je regarde jouer Chocolat.

ちょこっと文法

動詞：prendre　直説法現在形

je	prends
tu	prends
il, elle, on	prend
nous	prenons
vous	prenez
ils, elles	prennent

人称代名詞強勢形

主語	強勢形
je	moi
tu	toi
il	lui
elle	elle
nous	nous
vous	vous
ils	eux
elles	elles

例文 1

僕と一緒に来て。

Viens avec moi.

例文 2

彼らはね、映画が大好きなんだ。

Eux, ils aiment beaucoup le cinéma.

例文 3

もしもし、マリ、君かい？

Allô, c'est toi, Marie ?

Warming up　動詞 prendre を適切な形に活用させて、文を完成させましょう。

1. 彼女は彼と一緒にコーヒーを飲んでいます。　Elle （　　　　　　） un café avec lui.

2. 私たちは電車に乗ります。　Nous （　　　　　　） le train.

3. 子供たちはおもちゃを手にしています。　Les enfants （　　　　　　） des jouets avec eux.

♪聞き取り　聞こえてくる単語を入れてみましょう。

1）Il va avec （　　　　　　） au cinéma.

2）Et （　　　　　　）, qu'est-ce que tu fais ?

3）（　　　　　　）, il est journaliste ?

Lecture 2 ▶ 〈ショコラ〉は今何をしてるのかしら？

Qu'est-ce que Chocolat fait maintenant ?
CD 34

Est-ce qu'il mange ?

Est-ce qu'il joue ?

ちょこっと文法
CD 34

動詞：faire　直説法現在形

je	fais
tu	fais
il, elle, on	fait
nous	faisons
vous	faites
ils, elles	font

疑問文

1) イントネーションによる
   Vous êtes étudiant ?
2) est-ce que を用いる
   Est-ce que vous êtes étudiant ?
   Cf. Est-ce qu'il joue ?
3) 倒置
   Êtes-vous étudiant ?
   Cf. Joue-t-il ?
   « Chocolat » joue-t-il ?

👉 もうちょっと文法を (2) p.24 疑問詞を使う疑問文

例文1 ▶ 君は今何をしてるの？

Qu'est-ce que tu fais maintenant ?
CD 34

例文2 ▶ お菓子を作ってるの。

Je fais un gâteau.

例文3 ▶ あなたのご職業は何ですか？

Qu'est-ce que vous faites dans la vie ?

Warming up　動詞 faire を適切な形に活用させて、文を完成させましょう。

1. お父さんは今何をしてるのかなあ？
   Qu'est-ce que notre père (　　　　　　　　　) maintenant ?

2. 両親は一緒に料理をしてるよ。
   Nos parents (　　　　　　　　) la cuisine ensemble.

3. じゃあ僕たちも一緒にお菓子を作ろうよ。
   Alors, nous aussi, nous (　　　　　　　　) un gâteau ensemble.

♪ 聞き取り　聞こえてくる単語を入れてみましょう。
CD 35

1) (　　　　　) (　　　　　) du ski en hiver.

2) (　　　　　) (　　　　　) de la voile en été.

3) (　　　　　) (　　　　　) un dessin pour ta mère ?

Leçon 9

Lecture 1　もっとフランス語が上手になりたい…

CD 36 Je veux améliorer mon français,

apprendre de plus en plus de vocabulaire.

Je veux surtout rencontrer

des Français ou plutôt un Français !

CD 36 ちょこっと 文 法

動詞：vouloir　直説法現在形

je	veux
tu	veux
il, elle, on	veut
nous	voulons
vous	voulez
ils, elles	veulent

例文 1 **CD 36**

フランスに行きたいなあ。

Je veux aller en France.

例文 2

おやつ欲しい？

Vous voulez un goûter ?

例文 3

私はいい人に出会いたいです。

Je veux rencontrer quelqu'un de gentil.

Warming up　動詞 vouloir を適切な形に活用させて、文を完成させましょう。

1. コーヒーいりますか？　　　　　　　　　　Vous (　　　　　　　) du café ?

2. 彼女達はフランスに行きたがっています。　Elles (　　　　　　) aller en France.

3. 私たちはもっとフランス語が上手になりたいです。

　Nous (　　　　　　　) améliorer notre français.

CD 37 ♪聞き取り　聞こえてくる単語を入れてみましょう。

1) (　　　　　) (　　　　　　　) avoir du temps pour voyager.

2) (　　　　　) (　　　　　　) des enfants.

3) (　　　　　) (　　　　　　) aller au cinéma ?

Lecture 2 ▶ どうしてフランス語でちゃんと書けないのかなあ？

Pourquoi est-ce que je ne peux pas écrire
en français ?
Ce n'est vraiment pas facile.

ちょこっと**文法**

動詞：pouvoir　直説法現在形

je	peux
tu	peux
il, elle, on	peut
nous	pouvons
vous	pouvez
ils, elles	peuvent

例文1 ▶ ドアを閉めていただけますか？

Pouvez-vous fermer la porte, s'il vous
plaît ?

例文2 ▶ （ひとつ）質問してもいいですか？

Je peux vous poser une question ?

例文3 ▶ ここは禁煙です。

On ne peut pas fumer ici ; c'est interdit.

☛ もうちょっと文法を(2) p.24　目的語人称代名詞

Warming up　動詞 pouvoir を適切な形に活用させて、文を完成させましょう。

1. ドアをあけてくれない？　　　　　　　　　Tu（　　　　）ouvrir la porte, s'il te plaît ?

2. ここでは喫煙できます。禁止ではありません。
   Nous（　　　　）fumer ici ; ce n'est pas interdit.

3. 今からでかけられますよ。　　　　　　　On（　　　　）sortir maintenant.

♪ 聞き取り　聞こえてくる単語を入れてみましょう。

1) （　　　　　　）（　　　　　　　　）acheter un livre ?

2) （　　　　　　）（　　　　　　　　　　）téléphoner à leurs parents ?

3) （　　　　　　）（　　　　　　　　）prendre le train à midi ?

☛ vouloir, pouvoir　第2部8課

💬 単語リスト　**よく使う動詞　Les verbes**

-er 動詞
acheter：〜を買う
fermer：〜を閉める
parler：話す
poser：〜を置く
rencontrer：〜と出会う

その他
apprendre：〜を学ぶ
écrire：（〜を）書く
ouvrir：〜を開ける
sortir：出る
voir：〜を見る、〜と会う

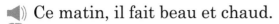

Leçon 10

Lecture 1　今朝はいい天気で暑いです。

🔊 CD 40
Ce matin, il fait beau et chaud.
Cet après-midi, je vais sortir
avec mon chien.
Ce chien est vraiment adorable.

ちょこっと

指示形容詞

男性形	女性形	複数形
ce（cet）	cette	ces

非人称構文

主語人称代名詞 il を形式上の主語とする構文。
1）天候
　Il fait + 天候を表す形容詞・名詞：Il fait beau.
　Il + 天候を表す動詞：　　　　　Il pleut.

2）その他
　Il y a de l'huile dans la cuisine.

例文 1 🔊 CD 40

この猫ちゃんたち、ほんとにかわいいね。

Ces chats sont vraiment mignons.

例文 2 ●●

今晩でかけましょうか？

On va sortir ce soir ?

例文 3 ●●●

私、この歌、とても好きだわ。

J'aime bien cette chanson.

Warming up　非人称構文を完成させるために適切な語を入れてみましょう。

1. 屋根の上に猫が一匹います。　（　　　　　）y a un chat sur le toit.

2. 今朝は寒いです。　　　　　Il（　　　　　）froid ce matin.

3. 今日はよく雨が降ります。　　Il（　　　　　）beaucoup aujourd'hui.

🔊 CD 41 ♪聞き取り　聞こえてくる単語を入れてみましょう。

1）Je peux acheter（　　　　　）livre ?

2）（　　　　　）semaine, je vais voir leurs parents.

3）Tu aimes（　　　　　）chocolats ?

Lecture 2 来週から梅雨が始まりそうです。

La saison des pluies va commencer
la semaine prochaine.
Il fera mauvais temps.
Il pleuvra souvent.

 ちょこっと 文 法
直説法単純未来形

活用語尾		faire（語幹 = fe)	
je	--rai	je	ferai
tu	--ras	tu	feras
il, elle, on	--ra	il, elle, on	fera
nous	--rons	nous	ferons
vous	--rez	vous	ferez
ils, elles	--ront	ils, elles	feront

単純未来形の語幹

規則性のあるもの

-er 型：r をとる　visiter → visite
-ir 型：r をとる　finir　　→ fini
-re 型：re をとる　vivre　→ viv

特殊形

avoir → au　être → se　faire → fe
pleuvoir → pleuv　aller → i　venir → viend
pouvoir → pour　vouloir → voud　voir → ver …etc.

例文1 ▶ 明日は暑くなるでしょう。

Demain, il fera chaud.

例文2 ▶ あさっては雪でしょう。

Après-demain, il neigera.

例文3 ▶ 私は来年卒業します。

Je finirai mes études l'année prochaine.

Leçon 10

Warming up　適切な動詞を単純未来形に活用させて、文を完成させましょう。

1. 今夜は雨になるでしょう。　　　　Ce soir, il (　　　　　　).

2. 明日はいい天気になるでしょう。　Demain, il (　　　　　) beau.

3. あなた達は今年卒業ですか？　　　Vous (　　　　　　) vos études cette année ?

 聞き取り　聞こえてくる単語を入れてみましょう。

1) Il (　　　　　) (　　　　　　) demain ?

2) Il (　　　　　) dans la nuit ?

3) Il (　　　　) ce (　　　　　) ?

☞ 直説法単純未来形　第 2 部 7 課

23

もうちょっと文法を (2)

aller・venir + 前置詞 + 国名

1) aller + 前置詞 + 国名「〜へ行く」

　　男性名詞の国：aller + au + 国名：　　aller au Japon

　　女性名詞の国：aller + en + 国名：　　aller en France

　　　＊母音で始まる男性名詞の国も同様：aller en Iran

　　複数名詞の国：aller + aux + 国名：　aller aux États-Unis

2) venir + 前置詞 + 国名「〜から来る」

　　男性名詞の国：venir + du + 国名：　　venir du Japon

　　女性名詞の国：venir + de (d') + 国名：venir de France

　　　＊母音で始まる男性名詞の国も同様：venir d'Iran

　　複数名詞の国：venir + des + 国名：　venir des États-Unis

目的語人称代名詞

動詞の目的語となる「人」を受けるもので、「直接目的語」と「間接目的語」があります。
三人称の直接目的語は「物」も受けることができます。
目的語人称代名詞は動詞の前に置かれます。

	je	tu	il	elle	nous	vous	ils	elles
直接	me (m')	te (t')	le (l')	la (l')	nous	vous	les	les
間接	me (m')	te (t')	lui	lui	nous	vous	leur	leur

　　　＊（　）は母音字の前

1) 直接目的語：前置詞を介さず動詞の目的語となるもの

　Tu aimes <u>ces chocolats</u>?　　　君、<u>このチョコレート</u>を好き？

　　→ Tu <u>les</u> aimes ?　　　君、<u>それ</u>を好き？

　Je <u>t'</u>aime.　　　わたし、<u>あなた</u>を好きよ。

2) 間接目的語：前置詞 à を介して動詞の目的語となるもの

　Vous téléphonez <u>à vos parents</u> ?　　あなたは<u>両親に</u>電話しますか？

　　→ Vous <u>leur</u> téléphonez ?　　あなたは<u>彼らに</u>電話しますか？

　Je peux <u>vous</u> poser une question?　<u>あなたに</u>ひとつ質問をしてもいいですか？

　　　　　　　☞ Leçon 9-2

否定の de

直接目的語につく不定冠詞と部分冠詞は、否定文では de に変わる。

例）Elle a une sœur. → Elle n'a pas de sœur.　　彼女には姉妹はいません。

　　Je prends du café. → Je ne prends pas de café.　　私はコーヒーを飲みません。

疑問詞を使う疑問文

1) 主語以外を問う

疑問副詞		疑問代名詞	
quand	：いつ	**qui**	：誰（を）
où	：どこ	**que**（**qu'**）（強勢形 quoi）	：何（を）
pourquoi	：なぜ		
combien	：どのくらい		
comment	：どのように		

① 平叙文と同じ語順で：　主語 + 動詞　+ 疑問詞［…］？

　　Tu viens d'où ?　☞ Leçon 7-1

② est-ce que を用いる：　疑問詞 + est-ce que + 主語 + 動詞［…］？

　　Qu'**est-ce que** « Chocolat » fait maintenant ?　☞ Leçon 8-2

　　Pourquoi **est-ce que** je ne peux pas écrire en français ?　☞ Leçon 9-2

③ 倒置：　疑問詞 + 動詞 - 主語［…］？

　　Que **sont devenus** Miyako et Eric?　☞ 第 1 部の終わりに p.37

2) 主語を問う（疑問代名詞）

qui
qui est-ce qui ｝誰が

　　Qui
　　Qui est-ce qui ｝veut boire quelque chose ?　何か飲みたい人はいますか？

qu' est-ce qui：何が

　　Qu'est-ce qui est blanc et tombe en hiver ?　白くて冬に降るものは何でしょう？

Leçon 11

Lecture 1　毎日、犬とお散歩しています。

🔊
CD
44
Tous les jours, je me promène avec mon chien.

Il s'arrête de temps en temps.

Il est très curieux.

Il s'intéresse à tout.

🔊
CD
44
ちょこっと 文 法

代名動詞　S = O V

se coucher　直説法現在形	
je	me couche
tu	te couches
il, elle, on	se couche
nous	nous couchons
vous	vous couchez
ils, elles	se couchent

se promener　直説法現在形	
je	me promène
tu	te promènes
il, elle, on	se promène
nous	nous promenons
vous	vous promenez
ils, elles	se promènent

＊ se lever も同様に活用

例文 1

私は毎日朝 7 時に起きます。

🔊
CD
44
Je me lève à 7 heures tous les matins.

例文 2

あなたのお子さん達は夜は早く寝ていますか？

Vos enfants se couchent tôt le soir ?

例文 3

君は絵画に興味があるの？

Tu t'intéresses à la peinture ?

Warming up　適切な代名動詞を主語に合わせて活用させて、文を完成させましょう。

1. 私は音楽に興味があります。　　Je (　　　　　　　　　　) à la musique.
2. あなた達は何時に寝ますか？　　Vous (　　　　　　　　　　) à quelle heure ?
3. 彼は毎朝、犬と散歩しています。

   Tous les matins, il (　　　　　　　　　) avec son chien.

☛ もうちょっと文法を (3) p.36　疑問形容詞 quel

🔊
CD
45
♪ 聞き取り　聞こえてくる語句を入れてみましょう。

1) (　　　　　　　　　　) aux oiseaux.

2) (　　　　　　　　　　) de bonne heure ?

3) (　　　　　　　　　　) tard ?

☛ 代名動詞　第 2 部 10 課、時間の表現　第 2 部 12 課

Les jours de pluie, je ne me promène pas
longtemps avec mon chien.

Il n'aime pas la pluie.

Il ne se couche pas sur le sol et

il ne s'intéresse plus à rien.

ちょこっと**文法**

代名動詞の否定形　S ne O V pas

se coucher		直説法現在	否定形
je	ne	me couche	pas
tu	ne	te couches	pas
il, elle, on	ne	se couche	pas
nous		_____	
vous		_____	
ils, elles		_____	

活用の続きを書き込みましょう

例文1 ▶ パパは日曜日は、早起きしないよ。

Papa ne se lève pas tôt le dimanche
matin.

例文2 ▶ 私は音楽に興味がありません。

Je ne m'intéresse pas à la musique.

例文3 ▶ 君は犬と散歩しないの？

Tu ne te promènes pas avec ton chien ?

Warming up　それぞれの文を否定文にしましょう。

1. Je me lève à 7 heures tous les matins.　➡ _____

2. Vos enfants se couchent tôt le soir ?　➡ _____

3. Tu t'intéresses à la peinture ?　➡ _____

♪聞き取り　聞こえてくる語句を入れてみましょう。

1) (_____) aux oiseaux.

2) (_____) de bonne heure ?

3) (_____) tard ?

🔵 単語リスト　**よく使う代名動詞　Les verbes pronominaux**

s'appeler：名前は～です	s'arrêter：止まる	s'intéresser：興味がある
se laver：洗う	se lever：起きる	se promener：散歩する

Leçon 11

Leçon 12

Lecture 1　大学に行かなければなりません。

🔊 CD 48
Je dois aller à l'université :
je vais voir mes amies et nous
allons réviser ensemble.
Nous avons bientôt des tests.

🔊 CD 48
ちょこっと

動詞　devoir と falloir

devoir	直説法現在形
je	dois
tu	dois
il, elle, on	doit
nous	devons
vous	devez
ils, elles	doivent

falloir　直説法現在形：il faut

否定文　devoir, falloir を ne と pas で挟む

devoir：Je ne dois pas aller à l'université.
falloir：Il ne faut pas être en retard.

例文 1 ────────────● 🔊 CD 48
ちゃんと復習しなきゃだめよ。

　Tu dois bien réviser.

例文 2 ──────────────●●
すぐにでかけなければなりません。

　Il faut partir tout de suite.

例文 3 ──────────────●●●
遅刻してはいけません。

　Il ne faut pas être en retard.

Warming up	適切な動詞を活用させて、文を完成させましょう。

1. きちんと復習しなければならない。　Il (　　　　　　　) bien réviser.

2. すぐにでかけなければなりません。　Nous (　　　　　　　) partir tout de suite.

3. 遅刻してはいけません。　Vous　ne (　　　　　　　) pas être en retard.

🔊 CD 49
♪聞き取り　聞こえてくる単語を入れてみましょう。

1)　(　　　　　　) (　　　　　　) aller chez le médecin.

2)　(　　　　　　) (　　　　　　) préparer leurs affaires.

3)　(　　　　　　) (　　　　　　) attendre le professeur.

👉 Il faut , devoir　第 2 部 11 課

28

Lecture 2 ▶ テストがたくさんあります。

Nous avons des tests et
nous en avons beaucoup. 🔊 CD 50
On a rendez-vous à la bibliothèque
mais mes amies n'y sont pas.

ちょこっと 文 法

中性代名詞　en　と　y

| en | 不定冠詞、部分冠詞のついた名詞を受ける。 |
| y | 場所を示す名詞句を受ける。 |

代名詞の位置　主語 + 代名詞 + 動詞

Nous en avons beaucoup.

否定文の場合の語順 ne (n') 代名詞 + 動詞 pas

Mes amies n'y sont pas.

例文 1 ▶「ワインは残ってる？」「うん、まだあるよ。」

Il reste encore du vin ?
— Oui, il en reste.

🔊 CD 50

例文 2 ▶「今日は学校に行くの？」「うん、行くよ。」

Tu vas à l'école aujourd'hui ?
— Oui, j'y vais.

例文 3 ▶「リンゴはありますか？」「もうないんです。」

Vous avez des pommes ?
— Non, nous n'en avons plus.

▼▼▼ Leçon 12 ▼▼▼

Warming up　必要な中性代名詞を入れて会語文を完成させましょう。

1. 「ミルクある？」「いや、買いにいかなきゃ。」
   Il y a du lait ? — Non, il faut (　　　) acheter.

2. 「フランスに行きたいですか？」「はい、いずれは。」
   Vous voulez aller en France ? — Oui, je voudrais (　　　　) aller un jour.

3. 「トマトありますか？」「いいえ、もうありません。」
   Vous avez des tomates ? — Non, nous n'(　　　　) avons plus.

👉 もうちょっと文法を (3) p.36 条件法現在形

♪ 聞き取り　聞こえてくる単語を入れてみましょう。

1) (　　　　　) (　　　　　　　　) vont en voiture ?

2) (　　　　　) (　　　　　　　　) achète dans ce magasin.

3) (　　　　　) (　　　　　　　　) emmènes les enfants ?

🔊 CD 51

Leçon 13

Lecture 1　今はお昼の 12 時半です。

CD 52　Il est midi et demie.
Je finis mon repas.
Il faut partir dans vingt minutes.
Je vais être en retard.
Il faut se dépêcher.

ちょこっと文法
CD 52　規則動詞：-ir 動詞　直説法現在形

-ir 動詞の活用語尾		cf. fin**ir**	
je	--is	je	finis
tu	--is	tu	finis
il, elle, on	--it	il, elle, on	finit
nous	--issons	nous	finissons
vous	--issez	vous	finissez
ils, elles	--issent	ils, elles	finissent

その他の -ir 動詞の例：
choisir, grossir, réfléchir, réussir, rougir

例文 1 ─────────────────●
CD 52
五分後には仕事を終えます。

Je finis mon travail dans 5 minutes.

例文 2 ─────────────────●●

ヴァカンスは 8 月末に終わります。

Les vacances finissent à la fin du mois d'août.

例文 3 ─────────────────●●●

（子供たちに呼びかけて）さあ、食べちゃいなさい。

Les enfants, finissez de manger.

Warming up　適切な動詞を活用させて、文を完成させましょう。

1.　私たちは 5 分後に仕事を終えます。

Nous （　　　　　　） notre travail dans 5 minutes.

2.　彼女はこれらのグリーティングカードを選びます。 Elle （　　　　　　） ces cartes de vœux.

3.　レミ、よく考えなさい。　　　　　　　　　　Rémi, （　　　　　　） bien.

♪ 聞き取り　聞こえてくる単語を入れてみましょう。
CD 53

1) （　　　　　　） （　　　　　　　　　） mes cartes de vœux.

2) Les congés （　　　　　　） dans 2 jours.

3) （　　　　　　） （　　　　　　　　） tes devoirs ?

30

Lecture 2 ▶ さて、出かけます。

Voilà je pars.
J'ai rendez-vous chez le dentiste
à deux heures moins le quart.
Je serai à l'heure.
Tout va bien.

CD
54

ちょこっと文法
-ir 動詞のバリエーションの直説法現在形

CD
54

partir		**dormir**	
je	pars	je	dors
tu	pars	tu	dors
il, elle, on	part	il, elle,on	dort
nous	partons	nous	dormons
vous	partez	vous	dormez
ils, elles	partent	ils, elles	dorment

例文 1 ▶電車は定刻通り出発します。

Le train part à l'heure.

CD
54

例文 2 ▶今晩でかけようか？

On sort ce soir ?

例文 3 ▶最近よく眠れないの。

Je dors mal ces jours-ci.

Warming up　例文を参考にして、適切な動詞を活用させましょう。

1. 夜はよく眠れますか。　　Vous (　　　　　　　) bien la nuit ?

2. さあ、出発しましょう。　(　　　　　　　) maintenant.

3. 週末はでかけないの？　　Tu ne (　　　　　　　) pas le week-end ?

♪聞き取り　聞こえてくる単語を入れてみましょう。

CD
55

1) (　　　　　) (　　　　　　　) avec mon chat.

2) (　　　　　) (　　　　　　　) dans un mois.

3) (　　　　　) (　　　　　　　) ce matin ?

☞-ir 動詞とそのバリエーションの動詞の直説法現在形　第 2 部 12 課

💬 単語リスト　**時を表す副詞 (句)**　Les adverbes de temps

après：前に	à l'heure：時間通りに	aujourd'hui：今日
avant：後で	en retard：遅れて	demain：明日
dans 〜：〜後に	tard：遅く	
cf. dans 2 jours　二日後に	tôt：早く	

Leçon 14

CD 56

J'ai presque fini les cours
à l'université ce semestre.
J'ai beaucoup aimé les cours de M.
Martin et des autres professeurs
bien sûr.

CD 56

ちょこっと 文 法

直説法複合過去形（1）

aimer	
j'	ai aimé
tu	as aimé
il, elle, on	a aimé
nous	avons aimé
vous	avez aimé
ils, elles	ont aimé

過去分詞

規則性のあるもの
　-er 型：r をとり、e を é に　aimer → aimé
　-ir 型：r をとる　　　　　　finir → fini

特殊形
　avoir → eu　boire → bu　être → été　faire → fait
　pleuvoir → plu　prendre → pris　voir → vu

例文 1

昨日の朝は勉強しました。

CD 56

J'ai travaillé hier matin.

例文 2

昨日の午後は買い物をしました。

J'ai fait les magasins hier après-midi.

例文 3

昨日の夜はテレビを見ました。

J'ai regardé la télé hier soir.

Warming up　それぞれの動詞を直説法複合過去形にして、文の意味を考えましょう。

1.　Nous （　　　　　）（　　　　　　　） du poulet avant-hier. (manger)

2.　Vous （　　　　　）（　　　　　　　） vos amis l'année dernière. (voir)

3.　Elles （　　　　　）（　　　　　　　） le train ce matin. (prendre)

CD 57

♪ 聞き取り　聞こえてくる単語を入れてみましょう。

1) J' （　　　　　）（　　　　　　　） des disques.

2) Ils （　　　　　）（　　　　　　　） à leurs cousins.

3) Tu （　　　　　）（　　　　　　　） le bateau.

Lecture 2 ▶ 京都の関西日仏会館のマルシェに行きました。

Je suis allée au marché de l'Institut français
du Kansai à Kyoto.
J'ai fait la rencontre de beaucoup de gens.
Je me suis bien amusée.

ちょこっと 文 法
直説法複合過去形（2）
CD 58

aller

je	suis allé(e)
tu	es allé(e)
il, elle, on	est allé(e)
nous	sommes allé(e)s
vous	êtes allé(e)(s)
ils, elles	sont allé(e)s

例文 1 ▶ 昨日は母とレストランに行きました。

Hier, je suis allée au restaurant
avec ma mère.

例文 2 ▶ 私は 7 月生まれです。

Je suis née en juillet.

例文 3 ▶ 今朝は犬と散歩しました。

Je me suis promenée avec mon chien
ce matin.

être で複合過去形を作る動詞

1) 場所の移動、状態の変化を表す自動詞
　代表的な自動詞の例とその過去分詞

aller	→ allé	venir	→ venu
arriver	→ arrivé	partir	→ parti
rentrer	→ rentré		
naître	→ né	mourir	→ mort

2) すべての代名動詞
　se promener

je	me suis promené(e)
tu	t'es promené(e)
il, elle, on	s'est promené(e)
nous	nous sommes promené(e)s
vous	vous êtes promené(e)(s)
ils, elles	se sont promené(e)s

Leçon 14

Warming up　それぞれの動詞を直説法複合過去形にして、文の意味を考えましょう。

1. Nous (　　　　　　　　　　) de bonne heure. (se lever)

2. Vous (　　　　　　　　　　) hier ? (venir)

3. Elles (　　　　　　　　　　) il y a 5 minutes. (partir)

♪ 聞き取り　聞こえてくる語句を入れてみましょう。

CD 59

1) Je (　　　　) (　　　　　) en juin.

2) Ils (　　　　) (　　　　　) à un mariage.

3) Tu (　　　　) bien (　　　　　　　).

☞ 直説法複合過去形　第 2 部 6 課、13 課

Leçon 15

Lecture 1 　昨日は関西日仏会館のマルシェにいました。

CD
60

J'étais au marché de l'Institut français du Kansai hier.

Il y avait beaucoup de monde.

C'était très vivant et international.

J'étais très heureuse.

CD
60

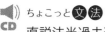
ちょこっと 文 法

直説法半過去形

être		avoir	
j'	étais	j'	avais
tu	étais	tu	avais
il, elle, on	était	il, elle, on	avait
nous	étions	nous	avions
vous	étiez	vous	aviez
ils, elles	étaient	ils, elles	avaient

語幹の作り方

直説法現在形の nous の活用から ons をとる
　avoir　→　nous avons　→　av

例外は être のみ
　être　→　ét

例文 1

あの展覧会、よかったね。

C'était intéressant, cette exposition.

例文 2

CD
60

高校時代は電車通学でした。

Je prenais le train pour aller au lycée.

例文 3

昔はここにお城があったんだ。

Ici, il y avait un château autrefois.

Warming up 　それぞれの動詞を直説法半過去に活用させてみましょう。

1. 昨日はいい天気だった。　　　　　Hier, il (　　　　　　) beau. (faire)

2. 子供の頃は夏の休暇は、家族で山で過ごしていました。　Dans mon enfance,

   nous (　　　　　　　) nos vacances d'été en famille à la montagne. (passer)

3. 高校の頃はあまり母親としゃべらなかった。

   Je (　　　　　　) peu à ma mère quand j'étais lycéen. (parler)

CD
61

♪聞き取り　聞こえてくる単語を入れてみましょう。

1) (　　　　　) (　　　　　　　) le métro pour aller à l'université.

2) (　　　　　) (　　　　　　　) souvent ensemble.

3) (　　　　　) (　　　　　　　) un animal domestique ?

☛ 直説法半過去形　第 2 部 14 課

J'ai vu une affiche : « Les spécialités de Bretagne ».
Alors au marché, j'ai mangé des crêpes
et j'ai bu du cidre.
Les crêpes et le cidre étaient très bons.

ちょこっと文法

半過去と複合過去　quand の使い方

> 半過去と複合過去の使い分け
> 半過去　　：過去の状態、描写、あるいは過去の習慣（＝「線」で表される過去）
> 複合過去：過去の出来事、行為（＝「点」で表される過去）

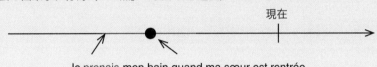

現在

Je prenais mon bain quand ma sœur est rentrée.

例文1 ▶ お姉ちゃんが帰ってきたとき、僕はお風呂に入ってた。
　Je prenais mon bain quand ma sœur est rentrée.

例文2 ▶ 弟が生まれたとき、私は10歳でした。
　J'avais dix ans quand mon frère est né.

例文3 ▶ おじいちゃんがワインを飲んでいるとき、おばあちゃんはいつも紅茶を飲んでいた。
　Quand mon grand-père buvait du vin, ma grand-mère prenait toujours du thé.

Warming up　それぞれの動詞を半過去か複合過去に活用させてみましょう。

1. お兄ちゃんが帰ってきたとき、弟はお風呂に入っていた。
   Mon petit frère （　　　　　　） son bain quand mon grand frère （　　　　　　）.
   (prendre, rentrer)

2. 私が生まれたとき、姉は4歳でした。
   Ma sœur （　　　　　　） quatre ans quand je （　　　　　　）. (avoir, naître)

3. 父がビールを飲んでいるとき、母はいつもシードルを飲んでいた。
   Quand mon père （　　　　　　） de la bière, ma mère （　　　　　　） toujours du
   cidre. (boire, prendre)

♪ 聞き取り　聞こえてくる語句を入れてみましょう。

1) Je （　　　　　　） chez moi quand il （　　　　　　）.

2) Il y （　　　　　　） un incendie, quand ils （　　　　　　） aux pompiers.

3) Tu （　　　　　　） quand il y （　　　　　　） la grève ?

もうちょっと文法を（3）

疑問形容詞 quel

男性単数形	男性複数形	女性単数形	女性複数形
quel	quels	quelle	quelles

Tu as quel âge ?　　　　　　　　君は何歳？

Vous vous couchez à quelle heure ?　☞ Leçon 11-1

条件法現在形

直説法単純未来形の語幹 ＋ 条件法現在形の活用語尾
　　☞ Leçon 10-2

	活用語尾	cf. vouloir（語幹＝ voud）
je	---rais	je voudrais
tu	---rais	tu voudrais
il, elle, on	---rait	il, elle, on voudrait
nous	---rions	nous voudrions
vous	---riez	vous voudriez
ils, elles	---raient	ils, elles voudraient

用法）① 「Si+ 直説法半過去形 , 条件法現在形」で、「もし〜なら、〜なのに」と、事実に反する仮定に基づく結果を表す。

　　　S'il faisait beau, je ferais du vélo.　お天気が良ければサイクリングをするのになあ。

② 語調を和らげて、丁寧な表現を作る。

　　　Je voudrais aller en France un jour.　☞ Leçon 12-2

Fin de l'histoire 🔊 CD 64

Cet été, j'irai en France apprendre le français dans une université pendant un mois. Je visiterai les Châteaux de la Loire et j'irai aussi à Paris le week-end. À Paris, je ferai la visite des musées : le musée du Louvre, le musée d'Orsay, l'Orangerie… J'aime aussi faire des courses alors j'achèterai des souvenirs pour mes amis et ma famille.

Hier, je suis allée au marché de l'Institut, j'ai fait la rencontre d'un Français. Il s'appelle Éric. Il est étudiant, il fait un stage dans une entreprise japonaise. Il va bientôt rentrer en France mais nous allons rester en contact. J'espère revoir Éric en France !

Un jour, mon rêve se réalisera, je vivrai en France !

Que sont devenus Miyako et Éric ?
Retrouvons Miyako et Éric dans la deuxième partie !
À tout de suite !

Château de Chambord
© mark higgins / Shutterstock

Château de Sully-sur-Loire
© Viacheslav Lopatin / Shutterstock

第 2 部

Le rêve de Miyako

～ 10 年後～

Lundi en France

CD
65

Éric va au Japon

Miyako :	Éric, *mon chou*, n'oublie pas les cadeaux pour mes parents.
Éric :	Oui, ils sont dans ma valise !
Miyako :	*Mes chéris*, Thomas, Anaïs, Papa va partir.
Éric :	Bon, *mes loulous*, vous êtes gentils avec votre mère.
Anaïs, Thomas :	D'accord ! Dis bonjour à mamie Sou et papi Masaya ! Tu penseras aux Pokémon !
Miyako :	Éric, Éric, ton taxi est là ! (Ils s'embrassent.)
Éric :	À samedi, *mon amour* !

練習問題 **1-1**

Dis bonjour à ～または Dites bonjour à ～を使って言い換え練習をしてみましょう。

1. 君のご両親によろしくね。(tes parents)

   ....

2. ラフォレさんによろしくお伝えください。(Mademoiselle Laforêt)

   ....

3. あなたたちのお母さんによろしく。

   ....

1-2

À samedi !のように、[役に立つ単語と言い回し1]を参考に別れ際の次に会う予定の確認をしてみましょう。

1. また明日。...

2. また来週。...

3. また近々。...

1-3 CD 66

［役に立つ単語と言い回し 1］を参考に、CD を聞いて次の会話を完成させてください。
解答を確認してからもう一度 CD を聞いて、それぞれのパートを練習してください。

Naoko : (　　　　　　　　　) Yasuo.

Yasuo : (　　　　　　　　) Naoko. (　　　　　　　) (　　　　　　　) -tu ?

Naoko : Je (　　　　　　) bien. Et (　　　　　) ?

Yasuo : Je vais (　　　　　　), (　　　　　　).

Naoko : Alors, c'est (　　　　　　) les vacances !

Yasuo : Oui, c'est (　　　　　).

Naoko : Bonnes (　　　　　) !

Yasuo : Oui, merci. (　　　　　) aussi.

Naoko : Au (　　　　　).

Yasuo : Au revoir.

役に立つ単語と言い回し 1 ★ 日常の挨拶表現

Bonjour：おはよう、こんにちは
Bonsoir：こんばんは
Salut !：やあ、じゃ、またね！（友達向き）
Comment allez-vous ?：お元気ですか？（一般向き）
Comment vas-tu ?：元気？（友達向き）
Je vais bien（merci）.：元気です。（一般向き）
　　Et vous ?：そちらは？（一般向き）
　　Et toi ?：そっちは？（友達向き）
Ça va ? — Ça va.：どう、元気？ 元気だよ。（友達向き）
Au revoir：さようなら
À demain !：また明日！

À bientôt !：また近いうちに！
À la semaine prochaine !：また来週！
Bonne nuit !：おやすみなさい！
Bon voyage !：よい旅行を！
Bonnes vacances !：よい休暇を！

Lundi au Japon CD 67

Où sont mes lunettes ?

Soumiré : Ah, quand je pense qu'Éric sera là demain ... Mais où sont mes lunettes ?

Masaya : Tes lunettes, elles sont sur ta tête.

Soumiré : Dis-moi, mon biquet, comment dit-on « 久し振り » en français, déjà ?

Masaya : Je ne sais pas. Regarde dans le dico !

Soumiré : Voyons voir ! J'ai trouvé ! On dit « Ça fait longtemps » !

Masaya : Fais voir ! Bon, je vais noter « Ça fait longtemps » dans mon carnet.

練習問題 **2-1**

1,2,3 には "mon", "ma", "mes" のいずれかを入れてみましょう。
次に 4,5,6 には "son","sa","ses" のいずれかを入れてみましょう。

1. (　　　　　　) amis sont en vacances.

2. (　　　　　　) sœur est aux États-Unis.

3. (　　　　　　) école est fermée.

4. (　　　　　　) chien est petit.

5. (　　　　　　) voiture est blanche.

6. (　　　　　　) clés sont dans le tiroir.

CD 68

［役に立つ単語と言い回し 2］を参考に、CD を聞いて次の会話を完成させてください。
解答を確認してからもう一度 CD を聞いて、それぞれのパートを練習してください。

Soumiré : Où sont mes lunettes ?

Masaya : Elles sont （　　　　　　　　） la table.

Soumiré : Mais, non. Elles ne sont pas sur （　　　　　　　） （　　　　　　　）.

Masaya : Regarde bien. Elles étaient sur la table.

Soumiré : Non, non. Ah, les voilà. Elles sont （　　　　　　　） （　　　　　　　）

（　　　　　　　） mon carnet.

Et maintenant, qu'est-ce que j'ai fait de mon livre ?

Masaya : Il est sur （　　　　　　　） （　　　　　　　） ta chambre !

Soumiré : Ah oui, c'est vrai.

2-3

もう一度、**Lundi au Japon** の会話を読んでから質問に答えてみてください。

1）Où sont les lunettes de Soumiré ?

2）Comment dit-on « 久し振り » en français ?

役に立つ単語と言い回し 2 ★ 居間の家具と位置の表現

le salon：居間、客間
la bibliothèque：本棚、図書館
l'étagère：棚
le sofa：ソファー
la table：テーブル
la chaise：椅子
le livre：本
le dico (le dictionnaire)：辞書
les lunettes：眼鏡
le carnet：手帳

sur：～の上に
sous：～の下に
dans：～の中に
devant：～の前に
derrière：～の後ろに
à côté de：～の横に
en face de：～の向いに

Mardi en France
CD
69

Thomas : Maman, j'ai fini *mes devoirs*. Je peux regarder un dessin animé ?

Miyako : Oui, mais avant, ta sœur fait *sa lecture*.

Anaïs : Mais Maman, je n'ai pas *de lecture* à faire aujourd'hui.

Miyako : C'est vrai, ça ?

Anaïs : Mais oui, Maman !

Miyako : Bon, très bien mais vous en regardez un seul ! Et après, on dîne !

Thomas /Anaïs : Merci Maman !

Miyako : Après le dîner, vous prenez votre bain et vous allez vous coucher.

練 **3-1**▶

習 次の質問に肯定的に答えてみましょう。

問 1. Vous parlez espagnol ? (Je) ....

題 2. Tu étudies le français seul(e) ? (Je) ....

3. Vous habitez à Osaka ? (Nous) ....

4. Elles déjeunent au café ? (Elles) ....

5. Ils mangent ensemble ? (Ils) ....

👉 -er 動詞　第 1 部 2 課

3-2 ▶ 🔊 CD 70

［役に立つ単語と言い回し 3］を参考に、CD を聞いて次の会話を完成させてください。
解答を確認してからもう一度 CD を聞いて、それぞれのパートを練習してください。

Miyako ： Tu as fini (　　　　　　　　) (　　　　　　　　), Thomas ?

Thomas ： Oui. Je peux regarder (　　　　　　) (　　　　　) (　　　　　) ?

Miyako ： D'accord et après, on (　　　　　　　).

Thomas ： Après le (　　　　　　　), je peux (　　　　　　　) un téléfilm avec toi, Maman ?

Miyako ： Non. Après le dîner, tu vas (　　　　　　　) (　　　　　　　).

Thomas ： Mais, je n'ai pas (　　　　　　　) demain.

Miyako ： Je sais !

Thomas ： Oh, tu n'es pas drôle, Maman.

3-3 ▶

もう一度、**Mardi en France** の会話を読んでから質問に答えてください。

1) Anaïs a de la lecture à faire aujourd'hui ?

2) Thomas et Anaïs regardent un dessin animé ?

役に立つ単語と言い回し 3 ★ 日常生活

la classe：授業
les devoirs：課題、宿題
la lecture：読書、講読
la récitation：暗唱
la dissertation：小論文
les matières：科目
les révisions：復習
les cours：講義、レッスン
regarder un dessin animé：アニメを見る
regarder un téléfilm：ドラマを見る
regarder un film (un DVD) à la télé
　：テレビで映画（DVD）を見る

voir un film：映画を見る
　cf. [役に立つ単語と言い回し 13]
déjeuner：昼食を食べる
dîner：夕食を食べる
prendre un bain：お風呂に入る
se coucher / aller au lit：寝る

こんな単語も知っておこう（1）

季節（Les saisons）の言い方・月（Les mois）の言い方

春（に）
le printemps / au printemps

3 月	mars
4 月	avril
5 月	mai

夏（に）
l'été / en été

6 月	juin
7 月	juillet
8 月	août

秋（に）
l'automne / en automne

9 月	septembre
10 月	octobre
11 月	novembre

冬（に）
l'hiver / en hiver

12 月	décembre
1 月	janvier
2 月	février

季節の格言

En avril, ne te découvre pas d'un fil ; en mai, fais ce qu'il te plaît.

　4月に薄着は禁物、5月はご自由に。

Beau mois de juin, change l'herbe en beau foin.

　6月の好天は良い干し草をもたらす。

Septembre se nomme, le mai de l'automne.

　　9月は秋の5月だ。

© Ken Felepchuk / Shutterstock

❖エッセイ(1)❖
別れの挨拶

　フランス語で「さようなら」といえば、au revoir が基本ですが、実はこれだけではすみません。親しい関係になるほどに au revoir（また会いましょう）とは言わず、à bientôt（近いうちにね）や、シチュエーションによっては à demain（また明日）、à lundi（月曜に）、à la semaine prochaine（また来週）などが好んで使われる傾向があります。

　さらにたいていの場合、こういう「さようなら」に当たる表現には何か一言ついてきます。たとえば、週末ならば bon week-end（良い週末を）と言い添えますし、旅行者には、bon voyage（良い旅を）と一言添えることが多いです。相手のためを思って添えるこの手の挨拶はフランス語の魅力のひとつだと思いますが、非常にヴァリエーション豊かで、枚挙に暇がありません。

　また、bon は「良い」という意味の形容詞なので、後ろに来る言葉が女性名詞や複数名詞になると、それにあわせて変化します。例えば、書店で買い物をした際には、会計後に店員さんは bonne lecture（楽しい読書を）と言ってくれるでしょうし、長期休暇前には bonnes vacances（楽しい休暇を）とお互いに言い合います。

　時間帯によって使い分けが必要ですが、日常的に使いやすい表現としては、bonne journée（良い1日を）、bon après-midi（楽しい午後を）、bonne soirée（楽しい夕べを）、bonne nuit（良い夜を＝おやすみなさい）などがあります。こういった言葉をもらった場合は、相手にも「ご同様に」、という意味で、vous aussi（または toi aussi）と笑顔で返しましょう。

　そして、このエッセイの締めくくりに、これからもフランス語の勉強を続けていくみなさんには、bonne continuation（良い継続を＝これからも頑張ってね）を贈ります。

Mardi au Japon Les préparatifs

Masaya : Bon, comme il fait beau, je vais m'occuper *du jardin*.

Soumiré : Ça fera plaisir à Éric.

Masaya : Pourquoi donc ?

Soumiré : Parce qu'il se fait du souci pour ta santé.

Masaya : Bon, je vais tailler *les arbres*, ensuite je m'occuperai des fleurs.

Soumiré : Moi, je vais préparer sa chambre.

Masaya : Dis-moi, qu'est-ce que tu as prévu pour le dîner demain ?

Soumiré : Je vais acheter des sushi ! Tu sais bien qu'il aime ça.

練 **4-1** ▶

習 動詞 aller を活用させて近接未来形の文章にしましょう。

問 1. Lundi, je .... déjeuner avec mes amies.

題 2. Mardi, tu .... aller au cinéma ?

3. Mercredi, elle .... visiter le Musée d'Orsay.

4. Jeudi, nous .... partir en vacances.

5. Vendredi, vous .... préparer le repas.

6. Samedi, ils .... finir leur travail.

➡ 近接未来形　第 1 部 5, 6 課

4-2 ▶ 🔊 **CD 72**

［役に立つ単語と言い回し 4］を参考に、CD を聞いて次の会話を完成させてください。
解答を確認してからもう一度 CD を聞いて、それぞれのパートを練習してください。

Soumiré ： Tu as arrosé （　　　　　　　）（　　　　　　　　　）, mon biquet ?

Masaya ： Non. Je vais （　　　　　　　） les plantes ce soir.

Soumiré ： Moi, je vais préparer （　　　　　　）（　　　　　　　） d'Éric.

Masaya ： Tu fais bien de （　　　　　　） sa chambre. Il va arriver dans quelques

heures. Bon, moi, je vais tailler un peu （　　　　　　　）（　　　　　　　）.

Soumiré ： C'est une bonne idée ! Ça fera plaisir à Éric.

Masaya ： Je sais !

Soumiré ： Bon, je n'ai rien dit.

4-3 ▶

もう一度、**Mardi au Japon** の会話を読んでから質問に答えてみてください。

1) Soumiré va préparer la chambre d'Éric ?

2) Masaya va tailler les arbres ?

役に立つ単語と言い回し 4 ★ 庭と寝室

le jardin：庭
l'arbre：木、樹木
la fleur：花
la plante：植物
arroser les plantes：植物に水をやる
tailler les arbres：植木を剪定する
planter des fleurs：花を植える
la chambre：寝室
le lit：ベッド
la lumière：明かり

préparer la chambre
　　：寝室の用意をする
faire le lit：ベッドメイキングをする
allumer la lumière：明かりをつける
éteindre la lumière：明かりを消す
dormir：眠る

Leçon 5

Mercredi en France

Querelle

Thomas : Anaïs, tu as pas* vu mon Char rouge ?

Anaïs : J'ai joué avec tout à l'heure.

Thomas : Il est où ?

Anaïs : Je sais pas.

Thomas : Mais tu es vraiment *bête*.

Anaïs : Et toi, tu es *méchant*.

Thomas : Bon, ça va. Tu as pas besoin de pleurer. On va le chercher ensemble. (le = le Char*)

Anaïs : D'accord. Ah, il est là sous mon lit. Tiens ! Tu me le prêteras encore ? (le = le Char)

Thomas : Oui, mais fais attention la prochaine fois.

＊音声では、より自然なフランス語を再現するために、あえて tu as を t'as と発音しています。

＊ le Char ＝アニメ「機動戦士ガンダム」のキャラクター、シャア・アズナブルのプラモデル

練習問題 **5-1**

適切な直接目的語を入れてみましょう。

1. Tu n'as pas vu ma poupée ?

   Non, on va .... chercher ensemble.

2. Où est-ce que tu as mis nos jeux vidéos ?

   Je .... ai mis dans le coffre à jouets.

3. Tu me prêteras ton train électrique ?

   Oui, d'accord, je te .... prêterai après.

50

5-2 ▶ CD 74

[役に立つ単語と言い回し6] を参考に、CD を聞いて次の会話を完成させてください。
解答を確認してからもう一度 CD を聞いて、それぞれのパートを練習してください。

Thomas : （　　　　　　　） pas vu mon Char ?

Anaïs : Non. Je （　　　　　　） pas.

Thomas : T'as joué avec （　　　　　） （　　　　　） （　　　　　）.

Anaïs : Oui, attends. Il est dans （　　　　　） （　　　　　）. （　　　　　）.

Thomas : Tu fais quoi ?

Anaïs : C'est pour mamie et papi !

Thomas : Ah bon ! C'est quoi ?

Anaïs : （　　　　　　） secret.

5-3 ▶

もう一度、**Mercredi en France** の会話を読んでから質問に答えてみてください。

1) Anaïs a joué avec le Char rouge de Thomas ?

2) Thomas prêtera encore son Char à Anaïs ?

役に立つ単語と言い回し 5 ★ 遊び

le jouet：おもちゃ
la poupée：人形
le train électrique：ミニチュア電車
la Nintendo：（任天堂の）テレビゲーム
le jeu vidéo：テレビゲーム
le coffre à jouets：おもちゃ箱
jouer à la poupée：人形遊びをする
jouer au train électrique：ミニチュア電車で遊ぶ
jouer à la Nintendo：テレビゲームで遊ぶ
jouer aux jeux vidéos：テレビゲームで遊ぶ

prêter qch à qn：誰かに何かを貸す
faire attention à qch：〜に気をつける

Mercredi au Japon CD 75

L'arrivée d'Eric

Soumiré : Bonsoir Éric. Tu as fait bon voyage ?

Masaya : Ça fait longtemps. Je suis très content de te revoir.

Éric : Moi aussi. Oui, j'ai fait bon voyage. Vous *avez le bonjour de* Miyako et des enfants.

Soumiré : Viens, on va bientôt *passer à table*.

Masaya : On va prendre une bière en attendant les sushi. On a *commandé* des sushi.

Éric : Ça tombe bien, j'aime tellement les sushi. Ah, la bière japonaise est vraiment bonne !

練 習 問 題 **6-1**

次の表現を使い、日本語に従って文を完成させてください。

> avoir faim, avoir soif, avoir sommeil, avoir envie de, avoir peur, avoir chaud, avoir froid

1. 彼らは喉が渇いているので、ビールを飲みたがっています。

   Comme ils .... , ils .... boire de la bière.

2. エリックはとてもおなかがすいているので、お寿司を食べたがっています。

   Comme Éric .... très .... , il .... manger des sushi.

3. 寒いですか？ いいえ、少し暑いです。

   Vous .... ?   — Non, nous .... un peu ....

4. 外は暗いわ。ひとりで帰るのは怖いなあ。

   Il fait noir : j'.............. .... de rentrer seule.

5. 眠いの？ コーヒー入れてあげるわ。

   Tu .... ? Je te sers du café.

👉 avoir 第1部5課

6-2

🔊 CD 76

［役に立つ単語と言い回し 6］を参考に、CD を聞いて次の会話を完成させてください。
解答を確認してからもう一度 CD を聞いて、それぞれのパートを練習してください。

Éric   : Bonjour, ça（   ）longtemps !

Masaya : Tu tombes bien. On va passer（   ）（   ）.

Éric   : Merci. J'ai très（   ）.

Masaya : Tu n'as pas（   ）dans l'avion ?

Éric   : Non, j'ai dormi tout le long du voyage.

Masaya : Tu as aussi（   ）, alors ! Voilà, une bière.

Éric   : Merci beaucoup. Cette bière tombe vraiment bien.

Masaya : Bon appétit.

6-3

もう一度、**Mercredi au Japon** の会話を読んでから質問に答えてみてください。

1) Éric a fait bon voyage ?

2) Qu'est-ce qu'ils ont commandé ?

役に立つ単語と言い回し 6 ★ 食卓

la table：食卓
passer à table：食卓を囲む
être à table：食卓について食事する
commander（des sushi）：（寿司を）注文する
prendre une bière：ビールを一本飲む
Bon appétit !：たくさん召し上がれ！
tomber bien：タイミングがいい
tomber mal：タイミングが悪い

avoir le bonjour de ～：～からよろしく
avoir envie de ～：～したい
avoir chaud：暑い
avoir froid：寒い

こんな単語も知っておこう（2）

メニュー（la carte）の見方

Menu　コース料理

Entrée　前菜
　Soupe à l'oignon　オニオンスープ
　Terrine de canard　鴨のテリーヌ
　Saumon fumé　スモークサーモン

Plat　メインディッシュ
　Sole meunière　舌平目のムニエル
　Poulet rôti　鶏のロースト
　Steak frites　ステーキ＆フライドポテト

Dessert　デザート
　Sorbet au citron　レモンシャーベット
　Tarte aux cerises　サクランボのタルト
　Mousse au chocolat　チョコレートムース

比較的気軽な
レストランや
ビストロ等の
コース料理の
一例です。

前菜・メイン・
デザートから
一品ずつ選び
ます。

Une terrine de canard,
s'il vous plaît.

Très bien,
madame.

※エッセイ(2)※
呼びかけの表現

　フランス人は mon chou,（キャベツ）mes chéris,（大切な人たち）mes lou-lous,（スピッツ）mon amour（ラブ）など、親しい人に対して愛情のこもった呼びかけの表現をよく使います。日本語ではあえて言わないですましてしまいがちな「私の」という意味の所有形容詞 mon, ma, mes と必ず一緒に使います。

　上の表でもわかるように、「私の〜」という意味の所有形容詞が 3 通りもあるのは、「私が持っている何か」の名詞の性と数で使い分けるからです。フランス語には女性名詞と男性名詞という二つのカテゴリーがあって、基本的にそれぞれ単数形と複数形があります。例えば chou は男性名詞なので、mon chou,　でも biquette（雌ヤギ）は女性名詞なので ma biquette, そして loulou はここでは複数の相手に使われているので、複数形の mes loulous となっています。

　また、所有者が「私たち」や「あなた達」のように複数になると、男性名詞か女性名詞かに関わらず、それぞれ「所有されているもの」が単数か複数かという違いだけで使い分けます。

　動物や野菜など呼びかけに使える語彙はさまざまですが、使い方が世代によって少し異なることもあります。例えば年輩の人たちは、mon lapin（ウサギ）, mon biquet, ma biquette など、動物の名前を使う傾向があります。若い世代は mon chou, mon chéri, ma chérie,（大切な人）mon bébé（赤ちゃん）などをよく使います。親や祖父母が子供や孫たちに対してよく使うものとしては mes amours や mes chéris などがあります。これら以外にも様々な言い方があります。映画やドラマを見ていてもこういう言葉はなかなか日本語字幕に出てこないので、DVD などフランス語字幕が出るもので耳を澄まして聞いて確認してみてください。

　例えば　2012 年公開のカリーヌ・タルデュー Carine Tardieu 監督の *Du vent dans mes mollets*「私のふくらはぎの中の風」（日本未公開）という映画は、9 歳の少女が主人公の微笑ましい映画ですが、この中にはたくさんこうした表現が出てきています。いろいろな「私の〜」を探してみてください。

Jeudi en France Au téléphone

CD
77

Miyako : Bonjour Maman. Alors vous avez vu Éric ?

Soumiré : Oui, bien sûr. Nous avons passé une soirée très agréable. Ça se passe bien avec les enfants ?

Miyako : Oui, tout va bien. On va fêter les 7 ans d'Anaïs samedi. Les Français disent que *c'est l'âge de raison*.

Soumiré : Comme c'est intéressant ! Je le dirai à ton père.

Miyako : Maman, on parlera plus longtemps samedi, d'accord ?

Soumiré : Bon, très bien, je te téléphonerai samedi.

練 **7-1**

習 括弧内の動詞を直説法単純未来形にしてみましょう。

問
題

1. Dans un mois, je .... en vacances. (partir)

2. Demain, elle .... à son père. (parler)

3. Après-demain, il .... avec ses amis. (déjeuner)

4. Nous .... à nos parents plus tard. (téléphoner)

5. Vous .... une douche après le cours de yoga. (prendre)

👉 直説法単純未来形　第 1 部 10 課を参照

7-2

[役に立つ単語と言い回し 7] を参考に、CD を聞いて次の会話を完成させてください。
解答を確認してからもう一度 CD を聞いて、それぞれのパートを練習してください。

Miyako : Bonjour, je voudrais parler à Éric.

Secrétaire : Oui, qui est à (　　　　　　　) ?

Miyako : C'est Miyako.

Secrétaire : Je vous (　　　　　　　) passe.

Miyako : Bonjour, Éric. Tout se (　　　　　　　) bien ?

Éric : Oui, bien sûr. Et toi et les enfants, (　　　　　　　) se passe bien ?

Miyako : Très bien. On prépare (　　　　　　　　　) d'Anaïs.

Éric : Super. Je vais (　　　　　　). Je te (　　　　　　　) demain, d'accord ?

Miyako : D'accord. À demain.

7-3

もう一度、**Jeudi en France** の会話を読んでから質問に答えてみてください。

1) Qu'est-ce qu'on va fêter samedi ?

2) Quand téléphonera Soumiré ?

役に立つ単語と言い回し 7 ★ 電話と誕生日

allô：もしもし
Qui est à l'appareil ?：「どなたですか？」
C'est de la part de qui ?：「どちら様ですか？」
Un instant, s'il vous plaît.：「少々お待ちください」
Je vous（le, la）passe.：「電話をかわります」
téléphoner：電話する
répondre au téléphone：電話に出る（応答する）
décrocher le téléphone：電話に出る（通話を開始する）
raccrocher le téléphone：電話を切る
se passer bien：うまく行く
se passer mal：うまく行かない
la fête d'anniversaire：誕生日パーティ

un gâteau d'anniversaire
　：誕生日ケーキ
une carte d'anniversaire
　：誕生日カード
fêter un anniversaire：誕生日を祝う
envoyer une carte d'anniver-saire：誕生日カードを送る

Leçon 8

Jeudi au Japon CD 79

J'ai mal !

Masaya : Ah, je ne peux pas bouger !

Soumiré : Qu'est-ce qui t'arrive ?

Masaya : *J'ai mal aux reins* ! Je ne peux pas me lever !

Soumiré : Si tu veux, *j'appelle le médecin.*

Masaya : Non, non, ça va aller.

Soumiré : Tu es sûr ?

Masaya : Oui, oui, ça va aller ! J'ai encore des bricoles à faire dans le jardin.

Soumiré : Ah mais, tu es incroyable !

練 **8-1**

習 1,2,3 で pouvoir を直説法現在形に活用させてください。次に 4,5 で vouloir を同様に活用させてください。

問 1. Est-ce que vous (pouvoir) .... travailler en écoutant la radio ?

題 2. Est-ce que tu (pouvoir) .... lire sans lunettes ?

3. Est-ce que nous (pouvoir) .... fumer ici ?

4. Est-ce que vous (vouloir) .... venir au concert ?

5. Est-ce que tu (vouloir) .... boire un café ?

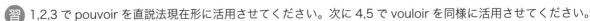

☞ avoir　第 1 部 5 課、vouloir と pouvoir　第 1 部 9 課

CD 80

［役に立つ単語と言い回し 8］を参考に、CD を聞いて次の会話を完成させてください。
解答を確認してからもう一度 CD を聞いて、それぞれのパートを練習してください。

Le patient : Bonjour, Docteur, j'ai mal （　　　　　　　）（　　　　　　　）.

Le docteur : Bon, on va voir ça. Vous avez （　　　　　　　）（　　　　　　　） dans le dos ?

Le patient : Oui, et aussi （　　　　　　　）（　　　　　　　）.

Le docteur : Depuis quand ?

Le patient : Cela fait deux jours.

Le docteur : Bon, voilà （　　　　）（　　　　　　　　　）. Vous prenez （　　　　　）
（　　　　　　　　　） pendant trois jours.

Le patient : Merci Docteur. Au revoir.

Le docteur : Au revoir.

もう一度、**Jeudi au Japon** の会話を読んでから質問に答えてみてください。

1) Masaya a mal où ?

2) Tu es incroyable !

　　Cela veut dire : 1) Tu es trop sérieux ! または 2) Tu n'es pas raisonnable !

役に立つ単語と言い回し 8 ★ 身体の不調

avoir mal：痛い
avoir mal au dos：背中が痛い
avoir mal au ventre：お腹が痛い
avoir mal à l'estomac：胃が痛い
avoir mal à la tête：頭が痛い
avoir mal aux dents：歯が痛い
avoir mal aux reins：腰が痛い
avoir une douleur dans le pied：足に痛みを感じる
avoir une douleur dans la jambe：太ももに痛み
　を感じる
aller chez le médecin：医者に行く
aller à la pharmacie：薬局に行く

aller à l'hôpital：公立病院に行く
aller à la clinique：私立病院、個人
　医院に行く
avoir une ordonnance：処方箋をも
　らう
prendre des médicaments：薬を
　飲む

Vendredi en France  🔊

CD
81

Thomas : Maman, c'est bientôt l'heure de partir. Anaïs va bientôt rentrer de chez sa copine.

Miyako : Oui, oui, on y va. Tu sais ce que tu veux lui offrir ?

Thomas : À *la boutique*, j'ai vu un manga et une figurine qui lui plairont.

Miyako : *Quelle boutique* ? Il y en a tellement maintenant.

Thomas : Celle à côté de la place Saint André.

Miyako : C'est la préférée d'Anaïs. Bon, allons-y.

Thomas : Oui, dépêchons-nous. Tu crois qu'elle sera contente ?

Miyako : Mais bien sûr.

練 **9-1**

習 次の語句を参考にして、疑問形容詞 quel を適切な形に変化させて入れてみましょう。

問 1. Tu choisis .... gâteau ?

題 2. Vous préférez aller dans .... boulangerie ?

3. Elle essaie .... robes ?

4. Ils achètent .... pantalons ?

5. On fait les courses dans .... supermarché ?

👉 疑問形容詞 quel　もうちょっと文法を (3) p.36

[役に立つ単語と言い回し 9] を参考に、CD を聞いて次の会話を完成させてください。
解答を確認してからもう一度 CD を聞いて、それぞれのパートを練習してください。

Le marchand : Bonjour, vous avez （　　　　　　　）?

La cliente : Oui, je voudrais （　　　　　　　）（　　　　　　　）.

Le marchand : Oui, lequel ?

La cliente : Le gâteau （　　　　　　　）（　　　　　　　）.

Le marchand : Et avec （　　　　　　　）?

La cliente : Une baguette.

Le marchand : C'est tout ?

La cliente : Oui, （　　　　　　　）（　　　　　　　）, merci.

もう一度、**Vendredi en France** の会話を読んでから質問に答えてみてください。

1) Qu'est-ce que Thomas va offrir à Anaïs ?

2) Est-ce que c'est la boutique préférée d'Anaïs ?

役に立つ単語と言い回し 9 ★ 買い物

le magasin (de vêtements)：店（服屋）
la boutique (de chaussures)：店（靴屋）
le supermarché：スーパー
le grand magasin：百貨店
la boulangerie：パン屋
la pâtisserie：ケーキ屋
la chocolaterie：チョコレート屋
la parfumerie：香水店、化粧品店
le fleuriste：花屋
préférer A à B：BよりAをより好む
plaire：気に入る
se dépêcher：急ぐ

faire des courses：買い物をする
acheter des vêtements (des chaussures)：服（靴）を買う
essayer (un pantalon, une robe...)：（ズボン、ワンピース…）を試着する
choisir (une jupe, un gâteau, un parfum...)：（スカート、ケーキ、香水…）を選ぶ

こんな単語も知っておこう（3）

色を表す形容詞
●●●●●●●●●●●●●

rouge
赤
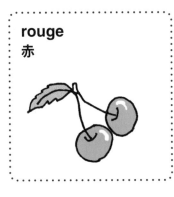

bleu（e）
青
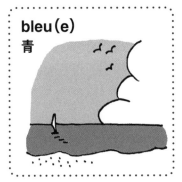

jaune
黄色

noir（e）
黒

blanc（he）
白

violet（te）
紫

brun（e）
茶

vert（e）
緑

orange
オレンジ

rose
ピンク

※エッセイ(3)※
ファッションのフランス語

　日本には思いの外フランス語が溢れています。特に、ファッション関係の言葉にはフランス語由来のものがたくさんあります。さすがモードの国フランス、というところでしょうか。

　色で言うと、rouge（ルージュ）、noir（ノワール）あたりはよく耳にしませんか？そして実は、beige もフランス語。「ベージュ」と読むこの言葉は、そのままカタカナ語として日本語に入ってきています。

　服飾では、元来男性がスーツの下に着るものだった gilet（ジレ）が、近年は袖無しの羽織物感覚で女性にも人気ですね。また、ゴムに布などをあしらって髪をまとめるのに使うヘアアクセサリーを「シュシュ」と言いますが、これもフランス語。chou が語源で chouchou と綴り、「お気に入りの秘蔵っ子」という意味もある言葉です。素材も色デザインもさまざまなものがあるシュシュ、女性なら「お気に入りのシュシュ」を持っている人も多いのでは？それから、意外かもしれませんが、「デニム」もフランス発祥です。南仏の都市ニームで、丈夫な作業着用に織られていた伝統的な生地の名前が serge de Nîmes。略して de Nîmes（ド・ニーム）、これが「デニム」の由来です。

　どうですか？知らず知らずに使っていたファッション用語のフランス語、結構たくさんありませんか？

Vendredi au Japon L'ordinateur est en panne ?

Soumiré : Masaya, viens voir. *L'ordinateur* ne marche plus.

Masaya : Qu'est-ce qui se passe ? Il est bien *branché* ?

Soumiré : Oui, regarde. Il ne se passe rien.

Masaya : Bon, fais voir. Mais non, il était *en veille*.

Soumiré : Ah, j'ai dû le mettre *en veille* sans le vouloir.

Masaya : Ne recommence pas demain sinon tu ne pourras pas parler sur Skype avec Miyako.

Soumiré : Ne t'en fais pas. J'ai compris.

練 **10-1**

習 括弧内の代名動詞を直説法現在形に活用させてみましょう。

問

題

1. Je .... devant la glace. (s'habiller)

2. Tu .... de finir ton travail. (se dépêcher)

3. Il .... tous les jours de bonne heure. (se lever)

4. Nous .... tard le week-end. (se coucher)

5. Vous .... les mains. (se laver)

6. Elles .... de temps en temps. (se maquiller)

☛ 代名動詞 第 1 部 11 課

10-2

［役に立つ単語と言い回し 10］を参考に、CD を聞いて次の会話を完成させてください。
解答を確認してからもう一度 CD を聞いて、それぞれのパートを練習してください。

Masaya : Qu'est-ce qui (　　　　　) (　　　　　) ?

Soumiré : Mon ordinateur ne (　　　　　) pas.

Masaya : Fais voir. Regarde, il est (　　　　　) (　　　　　).

Soumiré : Ah, j'ai dû le mettre en veille sans le (　　　　　).

Masaya : Oh, mon portable est (　　　　　).

Soumiré : Tu as un (　　　　　) ?

Masaya : Non, et toi ?

Soumiré : Oui, tiens.

10-3

もう一度、**Vendredi au Japon** の会話を読んでから質問に答えてみてください。

1) Est-ce que l'ordinateur est bien branché ?

2) Qui a mis l'ordinateur en veille ?

役に立つ単語と言い回し 10 ★ コンピュータ関連

l'ordinateur：コンピュータ
la tablette：タブレット端末
le portable：携帯電話
l'appareil photo：カメラ
l'appareil photo numérique：デジカメ
la caméra（vidéo）：ヴィデオカメラ
la pile：電池
le chargeur：充電器
le câble USB：USB ケーブル
la clé USB：USB メモリースティック
brancher：接続する、つなぐ

débrancher：電源を切る
mettre en veille：（コンピュータを）
　　スリープモードにする
charger：充電する
être déchargé(e)：電池切れ状態である
utiliser：使う

Samedi en France L'anniversaire d'Anaïs !

CD
85

Thomas/Miyako/ Éric : *Joyeux Anniversaire,*
Anaïs !

Anaïs : Merci. On peut manger *le gâteau*
maintenant ?

Miyako : Oui, mais tu dois *souffler les bougies*
avant.

Anaïs : Il est délicieux ton gâteau, maman.
Tu feras le même pour *l'anniversaire* de
Thomas ?

Miyako : Je ne sais pas. On verra.

Thomas : Allez, ouvre *tes cadeaux*.

練 **11-1**

習 devoir を使って指示された主語で言い換えましょう。

問
題

1. Il faut regarder ce film. → Tu ....

2. Il faut partir tout de suite. → Elle ....

3. Il faut acheter ce livre. → Nous ....

4. Il faut manger dans ce restaurant. → Vous ....

5. Il faut se lever tôt demain. → Ils ....

☛ devoir　第 1 部 12 課

［役に立つ単語と言い回し 11］を参考に、CD を聞いて次の会話を完成させてください。
解答を確認してからもう一度 CD を聞いて、それぞれのパートを練習してください。

Anaïs : On（　　　　　　　　）manger le gâteau maintenant ?

Miyako :（　　　　　　　　）un peu.

Anaïs : Après, je（　　　　　　　　）ouvrir mes cadeaux ?

Miyako : Avant, tu（　　　　　　　　）souffler les bougies.

Anaïs : Oh, toutes ces bougies !

Miyako :（　　　　　　　　）tes cadeaux !

Anaïs : Génial !

Miyako : Tu（　　　　　　　　）contente ?

Anaïs : Oui, très !

もう一度、**Samedi en France** の会話を読んでから質問に答えてみてください。

1) Qu'est-ce qu' Anaïs doit faire avant de manger le gâteau ?

2) Qui a fait le gâteau ?

役に立つ単語と言い回し 11 ★ パーティ

la bougie：ろうそく、キャンドル
le serpentin：紙テープ
la soirée：お祭り、お祝い
la partie：パーティ
le confetti：紙吹雪
le cadeau：プレゼント
la figurine：フィギィア、マスコット
les caractères japonais：漢字
les baguettes：箸
super / génial：すばらしい、おもしろい、すごい
souffler une bougie：キャンドルを吹き消す
lancer des serpentins：紙テープを投げる

lancer des confettis
　：紙吹雪をかける
ouvrir les cadeaux
　：プレゼントをあける
être content(e)
　：喜んでいる、満足している
se réjouir：喜ぶ

Leçon 12

Samedi au Japon CD 87

Skype

Soumiré : C'est bientôt l'heure de téléphoner à Miyako.

Masaya : Il est quelle heure en France ?

Soumiré : Il est presque midi. C'est *l'heure d'hiver* alors il y a 8 heures de décalage.

Masaya : *L'heure d'hiver* et *l'heure d'été**, c'est un bon système, je trouve.

Soumiré : Bon, allez, on appelle sur Skype.

Masaya : Ça sonne.

Masaya / Soumiré : Miyako, c'est nous. Bon anniversaire, Anaïs !

＊1973 年のオイル・ショックを契機にフランスで成立した制度。1998 年に全ヨーロッパに広まった。2021 年に廃止予定。

練 **12-1**

習 括弧内の動詞を直説法現在形に活用させてみましょう。

問 1. Je .... en vacances pour 3 semaines.（partir）

題 2. Tu .... encore ?（dormir）

3. Il .... son roman.（finir）

4. Nous .... ce cadeau à notre mère.（offrir）

5. Vous .... la porte, s'il vous plaît ?（ouvrir）

6. Elles .... des chaussures.（choisir）

☛ –ir 動詞の活用，時間の表現　第 1 部 13 課

12-2

［役に立つ単語と言い回し 12］を参考に、CD を聞いて次の会話を完成させてください。
解答を確認してからもう一度 CD を聞いて、それぞれのパートを練習してください。

Soumiré : （　　　　　　　　） heure est-il ?

Masaya : Il est （　　　　　　　　） huit heures.

Soumiré : Alors, il est （　　　　　　　　） midi en France ?

Masaya : C'est cela. C'est l'heure （　　　　　　　　）.

Soumiré : Si c'était l'heure （　　　　　　　　） ?

Masaya : Il serait presque une heure de l'après-midi !

Soumiré : Ah. Je vois.

12-3

もう一度、**Samedi au Japon** の会話を読んでから質問に答えてみてください。

1）Il y a combien d'heures de décalage ?

2）A qui Soumiré et Masaya téléphonent ?

役に立つ単語と言い回し 12 ★ 時の表現

Il est dix heures（du matin, du soir）.
　：今は（朝の、夜の）10 時です。
Il est neuf heures moins le quart.
　：今は 9 時 15 分前です。

Il est onze heures moins dix.：今は 11 時 10 分前です。
Il est six heures moins vingt.：今は6時20分前です。
Il est trois heures et quart.：今は 3 時 15 分です。
Il est quatre heures et demie.：今は 4 時半です。
Il est midi.：今は昼の 12 時です。
Il est minuit.：今は夜の 12 時です。
Il est dix heures pile.：今は 10 時ちょうどです。

Quelle heure est-il ?：今何時ですか？
l'heure d'été：夏時間
l'heure d'hiver：冬時間
le décalage horaire：時差
être à l'heure：時間通りである
être en retard：遅れている
être en avance：進んでいる

こんな単語も知っておこう（4）

フランスの祝祭日

Jours fériés

Jour de l'an　元日	1　janvier	（premier janvier）
Lundi de Pâques　復活祭の月曜	移動祝日：春分の日の後の最初の満月の次の月曜日	
Fête du Travail　メーデー	1　mai	（premier mai）
8 Mai 1945　第二次大戦戦勝記念日	8　mai	
Jeudi de l'Ascension　キリスト昇天祭	移動祝日：復活祭から5週間後の木曜日	
Lundi de Pentecôte　五旬祭の月曜	移動祝日：復活祭から50日後の月曜日	
Fête Nationale　革命記念日	14　juillet	
Assomption　聖母被昇天祭	15　août	
Toussaint　万聖節	1　novembre　（premier novembre）	
Armistice　第一次大戦休戦記念日	11　novembre	
Noël　クリスマス	25　décembre	

曜日の言い方

月曜日	lundi
火曜日	mardi
水曜日	mercredi
木曜日	jeudi
金曜日	vendredi
土曜日	samedi
日曜日	dimanche

フランスのカレンダーは、月曜日が左端

※エッセイ(4)※
les fêtes

　フランス人は一般的にとてもお祭り好きです。何かあると皆で集まって、飲んだり食べたり、しゃべったり踊ったりします。例えば遠く離れた家族が集まるのはクリスマスです。キリスト教徒でない人たちも、家族それぞれに贈るプレゼントを買いそろえて、クリスマスの休暇には皆で集まってごちそうを楽しみます。

　友人や恋人たちと過ごすのは大晦日で、真夜中まで踊ったり歌ったりして年明けを待ち、12時の鐘の音とともに Bonne année！「あけましておめでとう！」と言い合って、見知らぬ人とでも des bises を交わして新年 le Nouvel an の到来を祝います。フランスで花火が打ち上げられるのはこの12月31日 la Saint-Sylvestre と7月14日のフランス革命記念日 la Fête nationale です。

　クリスマスや大晦日にゆっくりと時間をかけて夜通し食べるごちそうのことを le réveillon といい、フランス人の大半の人がこの機会に普段はあまり食べない le foie gras（フォアグラ）や les truffes（トリュフ）と言った高級食材を楽しみます。Le champagne（シャンパン）の消費量が一番増えるのもこの時期です。

　また、フランスには日本のように結婚式場はないので、教会や市役所で結婚式をしたあとのいわゆる披露宴 le festin de mariage はレストランを借りたり、おうちに家族や友人を招いて行います。日本のような大きなウェディングケーキ le gâteau à étages , la pièce montée はあまり見かけませんが、les dragées と言われる砂糖菓子をお花のように飾り付け、パーティが終わった後に参加者に配ります。

　パーティ好きは子供たちも同様で、お誕生日のパーティはおうちを les guirlandes en papier（ペーパーチェーン）などで飾り付けて、お友達を招き、おやつや軽食を食べたり、好きな音楽をかけて踊ったりして祝います。こうした子供たちがおうちで開くダンスパーティを la boum と言います。『マーガレットとすてきな何か』で主演している女優のソフィー・マルソーは、1980年に公開された『ラ・ブーム』というタイトルの映画で13歳でデビューし、一躍有名になりました。

©アフロ

Dimanche en France

CD 89

Souvenirs

Éric : Tu as bien dormi ?

Miyako : Oui, j'ai très bien dormi. J'ai même rêvé du marché de l'Institut à Kyoto.

Éric : Le lieu de notre première rencontre. On y a mangé des crêpes, tu te souviens ?

Miyako : Oui bien sûr ! Je n'ai pas rêvé de crêpes mais de toi qui me souriait en parlant.

Éric : Finalement, nous nous sommes revus et nous nous sommes mariés.

Miyako : Oui et maintenant mes parents apprennent le français !

Éric : Oui, c'est vrai et c'est formidable !

練 **13-1**

習 括弧内の動詞を直説法複合過去形にしてみましょう。

問

題

1. Miyako .... ce restaurant. (aimer)

2. Il .... de sa mère. (rêver)

3. Nous .... des gâteaux délicieux. (manger)

4. Pierre .... au zoo avec les enfants. (aller)

5. Marie et Pierre, vous .... avant 9 heures ? (arriver)

6. Elles .... tôt ce matin ? (se réveiller)

☞ 直説法複合過去形　第 1 部 14 課

13-2

［役に立つ単語と言い回し 13］を参考に、CD を聞いて次の会話を完成させてください。
解答を確認してからもう一度 CD を聞いて、それぞれのパートを練習してください。

Éric : Tu (　　　　　) (　　　　　　　) ce restaurant ?

Miyako : Oui, surtout les (　　　　　　).

Éric : (　　　　　　　) tu veux faire maintenant ? (　　　　　　) un café ?

Miyako : Non pas tout de suite. On (　　　　　　) promène d'abord.

Éric : D'accord.

Miyako : Si (　　　　　　) allait jusqu'au cinéma le Kino !

Éric : C'est une (　　　　　) idée.

13-3

もう一度、**Dimanche en France** の会話を読んでから質問に答えてみてください。

1）Est-ce que Miyako a bien dormi ?

2）De qui a-t-elle rêvé ?

役に立つ単語と言い回し 13 ★ 余暇

sortir：出かける
aller au restaurant：レストランに行く
aller au cinéma：（映画を見に）映画館に行く
aller au théâtre：劇場に行く
prendre un café：コーヒーを飲む
prendre un verre：飲み物を一杯飲む
se distraire：気晴らしをする
s'amuser：遊ぶ
se promener：散歩する
se revoir：再会する
se marier：結婚する
voir un film：映画（作品）を見る　cf. ［役に立つ単語と
　言い回し 3］

la pièce de théâtre：演劇
le parc d'attractions：遊園地
le café：喫茶店
le restaurant：レストラン
le concert：コンサート
l' exposition（de photos）
　：展覧会（写真展）

Dimanche au Japon CD 91

Projets d'été

Soumiré : Je n'aurais jamais pensé que Miyako *épouserait* un Français.

Masaya : Moi non plus, mais tu vois comme ça, on apprend le français.

Soumiré : Quand je pense qu'à l'université, je n'aimais pas les cours de langue.

Masaya : Tout arrive !

Soumiré : Nos petits-enfants sont tellements mignons et gentils.

Masaya : Si on allait les voir cet été ?

Soumiré : Je vais en parler à Miyako.

練 **14-1** ▶

習 括弧内の動詞を直説法半過去形にしてみましょう。

問
題

1. Si on .... sur la plage ? (manger)

2. Si vous .... votre parapluie ? (prendre)

3. Quand j' .... petite, je .... à la poupée. (être) (jouer)

4. Mon père .... du ski autrefois. (faire)

5. Mon frère .... les huîtres avant son intoxication. (aimer)

☛ 直説法半過去形　第 1 部 15 課

14-2

[役に立つ単語と言い回し 14] を参考に、CD を聞いて次の会話を完成させてください。
解答を確認してからもう一度 CD を聞いて、それぞれのパートを練習してください。

La femme ： Si on (　　　　　　　　　) en week-end ?

L'homme ： D'accord. On va à (　　　　　　　) (　　　　　　　) ou

　　　　　　　à (　　　　　　) (　　　　　　) ?

La femme ： On va à la mer. J'ai envie de manger des fruits de mer.

L'homme ： Je ne suis jamais allé à Deauville.

La femme ： Bon alors, on va à Deauville.

L'homme ： Si on (　　　　　　　　) le train ?

La femme ： C'est une bonne (　　　　　　　).

14-3

もう一度、**Dimanche au Japon** の会話を読んでから質問に答えてみてください。

1) Pourquoi Masaya et Soumiré apprennent le français ?

2) Où pensent-ils aller cet été ?

役に立つ単語と言い回し 14 ★ 休暇

voyager：旅行をする
partir en week-end：週末の旅行に出かける
aller à la mer：海に行く
aller à la montagne：山に行く
aller à la campagne：田舎に行く
prendre l'avion：飛行機に乗る
prendre le train：電車に乗る
prendre le bateau：船に乗る
prendre un taxi：タクシーに乗る
faire du ski：スキーをする
faire une randonnée：ハイキングをする

la plage：浜、ビーチ
la côte：海岸
le champ：畑
le lac：湖
la rivière：川

À l'aéroport de Paris

CD
93

Miyako, Éric et leurs enfants, Anaïs et Thomas sont à l'aéroport pour accueillir Masaya et Soumiré. Ils arrivent de Tokyo. Le vol est à l'heure.

Anaïs et Thomas : Regardez, les voilà.

Masaya et Soumiré : Bonjour les enfants.

Miyako : Bonjour maman, bonjour papa.

Éric : Bonjour, vous avez fait bon voyage ?

Masaya : Oui, le voyage était très agréable. Il n'y a pas eu de turbulences.

Soumiré : Oui, c'est vrai. Les repas aussi étaient très bien et d'ailleurs j'ai un peu trop mangé.

Anaïs et Thomas : Nous aussi, on aimerait bien prendre l'avion !

Éric : Un jour ! En attendant, tout le monde en voiture !

練 15-1

習 括弧内の動詞を現在分詞の形にして、文章の意味を考えてみましょう。

問 1. En .... (prendre) un taxi, vous arriverez à l'heure.

題 2. Ce chauffeur de taxi travaille toujours en .... (écouter) la radio.

3. Tout en .... (connaître) la vérité, il n'a rien dit à la police.

4. En .... (sortir) de l'aéroport, j'ai rencontré mes anciens amis.

➡ 現在分詞とジェロンディフ　Appendice p.80

15-2 CD 94

[役に立つ単語と言い回し 15] を参考に、CD を聞いて次の会話を完成させてください。
解答を確認してからもう一度 CD を聞いて、それぞれのパートを練習してください。

Éric : Ton vol （　　　　　　　　　） à l'heure ?

Miyako : Non, il （　　　　　　　　　） du retard.

Éric : Qu'est-ce que tu as fait en （　　　　　　　　　） ton vol ?

Miyako : Je suis （　　　　　　　　　） dans la salle d'attente.

Éric : Tu n'as pas （　　　　　　　　　） de souvenirs ?

Miyako : Non, pas cette fois-ci.

15-3

もう一度、**A l'aéroport de Paris** の会話を読んでから質問に答えてみてください。

1) Est-ce que Masaya et Soumiré ont fait bon voyage ?

2) Comment étaient les repas ?

役に立つ単語と言い回し 15 ★ 空港

l'aéroport：空港、飛行場
le vol：フライト
être à l'heure：（フライトは）定刻通りである
avoir du retard：（フライトは）遅れている
retarder le vol：フライトを遅らせる
annuler le vol：フライトをキャンセルする
attendre son vol：フライトを待つ
rester dans la salle d'attente：待合室にいる
acheter des souvenirs：お土産を買う
la police：警察
la douane：税関

la salle d'attente：待合室
l'entrée：入口
la sortie：出口
le car, l'autocar：長距離バス、観光バス
la navette（de l'aéroport）
　：シャトルバス、リムジンバス

こんな単語も知っておこう（5）

パリの主な美術館＆劇場
●●●●●●●●●●●●●●●●●●●

① Le musée du Louvre　ルーヴル美術館

② Le musée d'Orsay　オルセー美術館

③ Le Centre Pompidou　ポンピドゥー・センター

④ L'Opéra Garnier　オペラ・ガルニエ（オペラ座）

⑤ L'Opéra Bastille　オペラ・バスチーユ（新オペラ座）

⑥ La Comédie-Française　コメディ＝フランセーズ

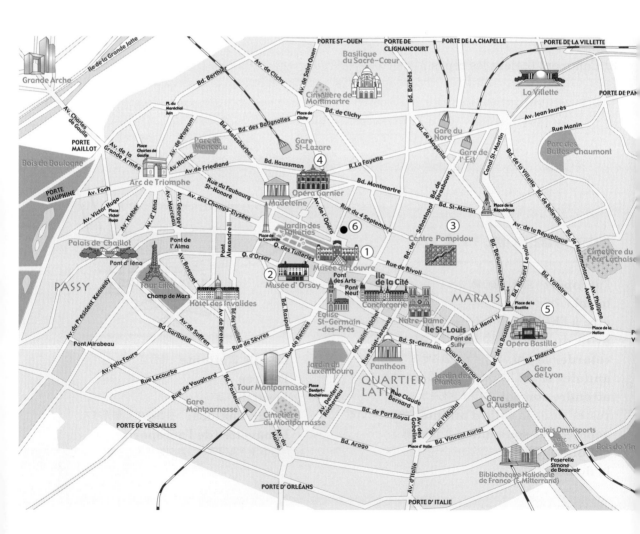

❖エッセイ(5)❖
フランスの地方料理

　本編第2部第13課で、京とエリックが馴れ初めを語っていましたね。二人の思い出の料理「クレープ」は、本編第1部第15課に登場した「ブルターニュの特産品」です。ブルターニュはフランス北西部の半島状の地方。イギリスに近く雨の降りやすい気候ですが、夏場は比較的涼しく過ごしやすいため、人気のヴァカンス地にもなっています。世界遺産のモン＝サン＝ミッシェルもそう遠くない、と言えばイメージしやすいでしょうか。海に囲まれているため、前述のクレープ以外にも、ムール貝や牡蠣などの魚介類が名物料理に挙げられます。ちなみに「クレープ」と一口に言いますが、一般的には蕎麦粉で作るクレープは galette と呼ばれ、卵やチーズなどが添えられてお食事として頂きます。一方、小麦粉で作る crêpe はバターやキャラメルソースなどを添えてデザートとして供されます。飲み物はリンゴで作る発泡酒 cidre が有名。

　以上はブルターニュの例ですが、広く豊かな国土を持つフランスには、各地方に自慢の名物料理があるのです。例えば、アルプス山脈を擁するローヌ＝アルプ地方では、ソーセージやハム、ベーコンなどの豚肉製品（charcuterie と総称します）やチーズ、ジャガイモなどを使った料理が美味ですし、南フランスの地中海に面した地域では、地中海の海の幸を生かした料理が最高。得に有名なのはマルセイユの bouilla-baisse です。また、トマトやオリーヴなどを使ったニース風サラダ salade niçoise もよく知られています。

　このように、フランスにはその土地ならではの名物料理が各地にあります。是非ご自身で訪れてみてください！

Appendice

1. 現在分詞
● ● ● ● ● ● ● ●

例）prendre

nous prenons　→　pren~ons~　→　prenant

┌─────────────────────────────┐
│ ＊例外　avoir　→ ayant　　│
│　　　　　être　　→ étant　　│
│　　　　　savoir → sachant 　│
└─────────────────────────────┘

用法）① 名詞を修飾して「〜している」の意味を表す。

Tu connais cette fille prenant un café ?　コーヒーを飲んでいるあの女の子を知ってる？

② 主語を説明して、「〜しながら」または「〜なので」などの意味を表す。

Étant malade, je ne suis pas sorti hier.　病気だったので、昨日は出かけませんでした。

2. ジェロンディフ
● ● ● ● ● ● ● ● ● ● ● ●

┌──────────┐　　┌──────────┐
│ 前置詞 en │ ＋ │ 現在分詞 │
└──────────┘　　└──────────┘

例）regarder

en regardant

用法）主語を説明して、「〜しながら」、「〜なので」、「〜すれば」、「〜なのに」等さまざまな意味を表す。

J'étudie en écoutant la radio.　わたしはラジオを聞きながら勉強します。

En prenant le taxi, vous arriverez à temps.　タクシーに乗れば時間通りに着きますよ。

3. 比較級と最上級

【比較級】

plus		**形容詞**				[優等比較級 : B より多く A]
aussi	+	**または**	+	que	+	比較の対象 [同等比較級 : B と同じくらい A]
moins		**副詞**				[劣等比較級 : B より少なく A]
		(A)				(B)

Il fait plus chaud que la semaine dernière.　先週より暑い。
(形容詞)

Il fait aussi froid que l'année dernière.　去年と同じくらい寒い。

Il fait moins beau qu'hier.　昨日ほど天気が良くない。

Miyako marche plus vite que sa mère.　京は母親よりも歩くのが速い。
(副詞)

【最上級】

		plus		**形容詞**	[優等最上級 : (B で)一番 A]
定冠詞	+		+	**または** （＋ de ＋範囲(B)）	
		moins		**副詞**	[劣等最上級 : (B で)一番 A でない]
				(A)	

＊定冠詞は形容詞を使う場合は形容詞の性数と一致させる。副詞の場合は常に le を使う。

Éric est le plus grand de la famille.　エリックは家族で一番背が高い。
(形容詞)

Miyako est la moins grande de la famille.　京は家族で一番背が低い。

Les enfants sont les plus heureux.　子供たちが一番幸せだ。

Miyako marche le plus vite de la famille.　京は家族で一番歩くのが速い。
(副詞)

【特殊な優等比較級と優等最上級】

形容詞：bon → meilleur (e) (s)　　　　　副詞：bien → mieux

＊形容詞の場合も副詞の場合も、優等最上級にする場合は適切な定冠詞を添える。

La bière allemande est meilleure que la bière française.　ドイツビールはフランスビールより美味しい。

Le chien est le meilleur ami de l'homme.　犬は人間の最良の友だ。

Il travaille mieux que moi.　彼は私よりもよく働く。

C'est lui qui travaille le mieux.　一番よく働くのは彼だ。

4. 条件法過去形

$$\boxed{\text{avoir または être の条件法現在形}} \quad + \quad \boxed{\text{過去分詞}}$$

cf. faire（avoir を用いる場合）	
j'	aurais fait
tu	aurais fait
il, elle, on	aurait fait
nous	aurions fait
vous	auriez fait
ils, elles	auraient fait

cf. aller（être を用いる場合）	
je	serais allé(e)
tu	serais allé(e)
il, elle, on	serait allé(e)
nous	serions allé(e)s
vous	seriez allé(e)(s)
ils, elles	seraient allé(e)s

用法）「Si+ 直説法大過去形, 条件法過去形」で、「もし～だったら、～だったのに」と、過去の事実に反する仮定に基づく結果を表す。

S'il avait fait beau hier, j'aurais fait du vélo. もし昨日天気が良かったらサイクリングをしたのにな。

Si elle avait eu assez d'argent, elle serait allée en France l'année dernière. もし十分なお金があったなら、彼女は去年フランスに行っただろうに。

5. 接続法現在形

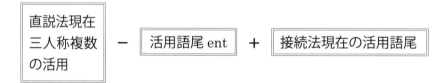

$$\boxed{\begin{array}{c}\text{直説法現在}\\\text{三人称複数}\\\text{の活用}\end{array}} \quad - \quad \boxed{\text{活用語尾 ent}} \quad + \quad \boxed{\text{接続法現在の活用語尾}}$$

語幹の作り方の例）partir

ils partent → part~~ent~~ → 語幹＝ part

> 語幹が特殊な形をとる動詞も多いので注意を！

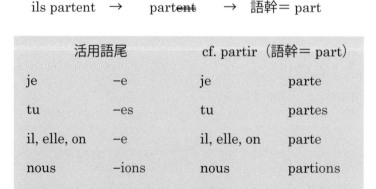

	活用語尾	cf. partir（語幹＝ part）	
je	−e	je	parte
tu	−es	tu	partes
il, elle, on	−e	il, elle, on	parte
nous	−ions	nous	partions
vous	−iez	vous	partiez
ils, elles	−ent	ils, elles	partent

用法） ① 基本的には従属節で用いられる。主節に「意志・願望・疑惑・感情」など主観的な性質
を帯びた語が含まれている場合や、主節が否定形・疑問形の場合。

Il faut que je parte maintenant. もう行かなければなりません。

Nous voulons que vous veniez chez nous ce soir. 我々は今夜あなたに家に来て欲しいのです。

Je doute qu'ils s'aiment. 彼らが愛し合っているかどうかは疑問です。

Il regrette qu'elle ne soit pas là. 彼は彼女がいなくて残念がっています。

Je ne crois pas qu'il ait déjà 20 ans. 彼がもう20歳だとはわたしには思えません。

② 先行詞が最上級表現を伴う関係詞節の中で。

C'est le meilleur musicien que je connaisse. わたしが知っている中で最高の音楽家です。

③ 独立節で命令や願望を表す。文頭に que が置かれる。

Que tout le monde sorte. みんな出て行ってください。

Qu'il soit heureux ! 彼が幸せでありますように。

6. 直説法単純過去形

活用語尾は4パターン。特別な語幹を持つ動詞も多い。

活用語尾（1）		cf. aimer（語幹＝aim）	
je	–ai	j'	aimai
tu	–as	tu	aimas
il, elle, on	–a	il, elle, on	aima
nous	–âmes	nous	aimâmes
vous	–âtes	vous	aimâtes
ils, elles	–èrent	ils, elles	aimèrent

活用語尾（2）		cf. finir（語幹＝fin）	
je	–is	je	finis
tu	–is	tu	finis
il, elle, on	–it	il, elle, on	finit
nous	–îmes	nous	finîmes
vous	–îtes	vous	finîtes
ils, elles	–irent	ils, elles	finirent

活用語尾（3）		cf. être（語幹＝f）	
je	–us	je	fus
tu	–us	tu	fus
il, elle, on	–ut	il, elle, on	fut
nous	–ûmes	nous	fûmes
vous	–ûtes	vous	fûtes
ils, elles	–urent	ils, elles	furent

活用語尾（4）		cf. venir（語幹＝v）	
je	–ins	je	vins
tu	–ins	tu	vins
il, elle, on	–int	il, elle, on	vint
nous	–înmes	nous	vînmes
vous	–întes	vous	vîntes
ils, elles	–inrent	ils, elles	vinrent

用法） 物語や歴史の叙述、新聞記事などの書き言葉で用いられる過去形。会話や日常的な文章で
は複合過去を用いる。

Vers le milieu de la nuit, Jean Valjean se réveilla. 真夜中頃、ジャン・ヴァルジャンは目を覚ました。

（Victor Hugo, *Les Misérables*）

綴り字と発音の関係

1. 単母音字の発音 *voyelles*

フランス語の母音字は 6 つ　a, e, i, o, u, y

ただし，アクサン，綴り字記号がプラスされることもあります。

a, à	〔a〕	la	là	
â	〔ɑ〕	âme		
i, î, ï, y	〔i〕	ici	île	Anaïs　y
o, ô	〔o〕	pot	tôt	
o, ô	〔ɔ〕	professeur		
u, ù, û,	〔y〕	bus	sûr	
é, 子音＋ e ＋子音	〔e〕	année	les	
è, ê, e ＋子音 , 子音 ...	〔ɛ〕	mère	êtes	université
e ＋子音…,　子音＋ e	〔ə〕	repas	je	
...e	〔—〕	classe	France	

2. 複母音字の発音 *voyelles composées*

ai	〔e〕	j'ai		
	〔ɛ〕	japonais	mai	
ei	〔ɛ〕	Seine		
ou, où	〔u〕	jour	où	
au, eau	〔o〕	aussi	beau	haut
au	〔ɔ〕	Paul		
eu, œu	〔ø〕	peut	vœu	
	〔œ〕	fleur	sœur	

3. 半母音を使って発音する綴り *semi-voyelles*

oi	〔wa〕	moi	voilà
oui	〔wi〕	oui	
oue	〔wɛ〕	jouet	jouer
ia	〔ja〕	piano	
ie	〔jɛ〕	hier	
ui	〔ɥi〕	suis	huile

4. 半母音を使う綴りの読み方

...il , ...ill	〔ij〕	fille	anguille
...eil , ...eill	〔ɛj〕	sommeil	Marseille
...ail, ...aill	〔aj〕	travail	travailler
...ouil, ouill	〔uj〕	fenouil	nouille
...euil, ...euill	〔œj〕	fauteuil	feuille

...ueil, ..ueill.　〔œj〕　accueil　　accueiller

œil　　　　　〔œj〕　œil

aye　　　　　〔ε-je〕　payer

oya　　　　　〔wa-ja〕　voyage

5. 鼻母音を使って発音する綴り *voyelles nasales*

an, am　〔ɑ̃〕　orange　　champignon

en, em　〔ɑ̃〕　enchanté　ensemble

ain, aim　〔ε̃〕　pain　　　faim

ein, eim　〔ε̃〕　peinture　Reims

in, im　　〔ε̃〕　vin　　　impossible

yn, ym　〔ε̃〕　syndrome　symbole

on, om　〔ɔ̃〕　mon　　　nom

un, um　〔œ̃〕　un　　　　parfum

ただし，母音字＋ nn, mm, mn の時は鼻母音の発音はしません。

例　année〔ane〕, sommes〔sɔm〕, automne〔ɔtɔn〕

6. 半母音と鼻母音を同時に発音する綴り

ien　　　〔jε̃〕　bien　　chien

ian　　　〔jɑ̃〕　viande　étudiant

ion, yon　〔jɔ̃〕　passion　Lyon

oin　　　〔wε̃〕　coin　　loin

7. 気を付けたい子音字の読み方

s, ss,	〔s〕	soif	dessin		
母音字＋ s ＋母音字	〔z〕	maison			
c + e, i, y	〔s〕	ce	ici	cycle	
c + a, o, u, 子音字	〔k〕	café	coca	cuisine	croissant
ç + a, o, u	〔s〕	ça	garçon	reçu	
g + e, i, y	〔ʒ〕	gentil	gilet	gymnastique	
g + a, o, u, 子音字	〔g〕	gâteau	frigo	dégustation	grand
gu + e, i, y	〔g〕	langue	guide		
ch	〔ʃ〕	chinois			
gn	〔ɲ〕	mignon			
ph	〔f〕	photo			
qu	〔k〕	question	équilibré		

8. 発音しない綴り字

語末の e　→（1）参照

> フランス語の綴りには発音されない文字が含まれていることがあります。
> 例えば　h，語末の子音字，語末の e，また，綴り字記号のような発音のサインとして挿入される母音字 u, e, など，多くは発音の法則に則ったものです。

語末の子音字　　　　例　　　restaurant, gâteaux, français

> ただし発音されることがある 4 つの子音字には注意　　c, r, f, l （Be careful！）
> 　発音しない例　　　tabac, aimer, clef, gentil
> 　発音する例　　　　sac, bonjour, soif, espagnol

h*　　　　　　　　　例　　　hôtel, Thomas, théâtre

> ただし，ch　ph は〔ʃ〕〔f〕　→（7）参照

半母音を示す時の母音字の後の l, ll　　　→（4）参照
鼻母音を示す時の m, n　　　　　　　　　→（5）参照

＊「無音の h」と「有音の h」

h は文法上「無音の h」と「有音の h」に分かれますが、どちらも発音はしません。「無音の h」で始まる単語は母音字で始まる単語と同様に扱われ、リエゾン、エリズィオンを行います。一方、「有音の h」は他の子音字と同様に扱われるため、リエゾンやエリズィオンは行いません。「有音の h」で始まる単語は例外的で数は少なく、辞書では＊などのマークがつけられて区別されています。

Cf. 無音の h：l'hôtel 「ホテル」／ 有音の h：le héros 「英雄，主人公」

句読点　*Signes de ponctuation*

.	point	...	point de suspension
,	virgule	（　　）	parenthèse
;	point-virgule	〈　　〉	crochet
:	deux-points	《　　》	guillemets
?	point d'interrogation	—	tiret
!	point d'exclamation		

数字 Chiffres

1 **un / une**	11 **onze**	21 *vingt et un*	31 **trente et un**
2 deux	12 douze	22 vingt-deux	
3 trois	13 treize	23 vingt-trois	
4 quatre	14 quatorze	24 vingt-quatre	40 *quarante*
5 cinq	15 quinze	25 vingt-cinq	
6 six	16 seize	26 vingt-six	
7 sept	17 dix-sept	27 vingt-sept	50 *cinquante*
8 huit	18 dix-huit	28 vingt-huit	
9 neuf	19 dix-neuf	29 vingt-neuf	
10 **dix**	20 *vingt*	30 **trente**	60 *soixante*

61 **soixante et un**	71 *soixante et onze*	81 *quatre-vingt-un*	91 *quatre-vingt-onze*
62 soixante-deux	72 soixante-douze	82 quatre-vingt-deux	92 quatre-vingt-douze
63 soixante-trois	73 soixante-treize	83 quatre-vingt-trois	93 quatre-vingt-treize
64 soixante-quatre	74 soixante-quatorze	84 quatre-vingt-quatre	94 quatre-vingt-quatorze
65 soixante-cinq	75 soixante-quinze	85 quatre-vingt-cinq	95 quatre-vingt-quinze
66 soixante-six	76 soixante-seize	86 quatre-vingt-six	96 quatre-vingt-seize
67 soixante-sept	77 soixante-dix-sept	87 quatre-vingt-sept	97 quatre-vingt-dix-sept
68 soixante-huit	78 soixante-dix-huit	88 quatre-vingt-huit	98 quatre-vingt-dix-huit
69 soixante-neuf	79 soixante-dix-neuf	89 quatre-vingt-neuf	99 quatre-vingt-dix-neuf
70 *soixante-dix*	80 *quatre-vingts*	90 *quatre-vingt-dix*	100 *cent*

序数詞

premier / première	onzième
deuxième	douzième
（second / seconde）	treizième
troisième	quatorzième
quatrième	quinzième
cinquième	seizième
sixième	dix-septième
septième	dix-huitième
huitième	dix-neuvième
neuvième	vingtième
dixième	vingt et unième

どの国にかかるかな？

国によって、電話番号の表記もさまざまです。
それぞれ、どこの国の電話番号か当ててみましょう。
※番号は架空のものです。

a. 03（3239）0278
b. 212-744-1308
c. 01 42 84 00 81

1. アメリカ　　2. 日本　　3. フランス　　　　　　※解答は下

解答： a-2, b-1, c-3

Miyako rêve　夢見る京
Liste de vocabulaire　単語集

第1課

A à（前）[所属を表して] 〜の／[場所を表して] 〜に
année（名・女）年

B bonjour　こんにちは・おはようございます
bus（名・男）バス

C classe（名・女）教室・授業

D dans（前）[場所を表して] 〜に
dimanche（名・男）日曜日

E en（前）[状態を表して] 〜である
être（動）[英語の be 動詞に相当] 〜である・〜がある
étudiante ←「étudiant（名）学生」の女性形　*「名詞の変化形」については「もうちょっと文法を(1)」p.12 を参照

J *Je m'appelle〜*　私の名前は〜です

L le（la, l'）（冠）定冠詞 *Leçon3-1 を参照
lecture（名・女）読み物・読解
lundi（名・男）月曜日

M maison（名・女）家
merci　ありがとう
mot（名・男）単語・言葉

P première ←「premier（形）一番目の」の女性形　*「形容詞の変化形」については「もうちょっと文法を(1)」p.12 を参照
professeur（名・男）先生

T train（名・男）電車

U université（名・女）大学

V voilà（前）[人や物を示して] そこに〜がいます・あります

第2課

A aimer（動）〜を好む
anglais（名・男）英語
année（名・女）年

B beaucoup（副）とても・非常に

D dites ← dire（動）〜と言う

E enfants ←「enfant（名）子供」の複数形
étudier（動）〜を勉強する・〜を研究する
film（名・男）映画（作品）

F français（名・男）フランス語
（形）フランス人の
frère（名・男）兄・弟

G gentil（形）親切な・優しい

J japonais（名・男）日本語
jour（名・男）（ある）日・1日　*cf. un jour* [未来の] いつか・いつの日か

L Lyon（都市名）リヨン

M M. =「monsieur（名・男）[男性に対する敬称・呼びかけで] …氏・…さん」の省略形
mère（名・女）母

N nom（名・男）名前

P parents（名・複）両親
père（名・男）父
peut-être（副）たぶん・おそらく
professeur（名・男）先生

R regarder（動）〜を見る

S sœur（名・女）姉・妹

U un（冠）不定冠詞　*Leçon 5-2 を参照

第3課

A aimer（動）〜を好む
allemand（形）ドイツの
alors（副）それなら
ami（名）友達
amusant（形）おもしろい
anglais（名・男）英語
aussi（副）〜もまた

B beaucoup（副）とても・非常に
bien entendu　もちろん

C cuisine（名・女）料理

D difficile（形）難しい
dit ← dire（動）〜と言う

E eau（名・女）水
enfant（名）子供
et（接）〜と・そして

F français（名・男）フランス語
（形）フランスの
France（国名・女）フランス
frère（名・男）兄・弟

G gâteau（名・男）菓子・ケーキ　*gâteaux は複数形　*「名詞の変化形」については「もうちょっと文法を(1)」p.12 を参照

J japonais（形）日本の・日本人の

M mais（接）しかし
mère（名・女）母
minéral（形）ミネラルの・鉱物の
musique（名・女）音楽

O ou（接）あるいは・それとも

P passion（名・女）熱中・生きがい
père（名・男）父

S sœur（名・女）姉・妹

V vraiment（副）本当に

第4課

A aimer（動）〜を好む
anglais（名・男）英語
allemand（名・男）ドイツ語
alors（副）それならば・[呼びかけで] さあ
amusant（形）おもしろい
anglais（名・男）英語
animé（形）アニメーションの
aujourd'hui（副）今日
avoir（動）〜を持つ・〜を持っている

C classe（名・女）教室・授業
conjugaison（名・女）（動詞の）活用

D de（前）〜の
dessin（名・男）素描・デッサン・絵
cf. dessin animé アニメ
difficile（形）難しい

E en（前）[場所や状態を表して] 〜で
enfant（名）子供
ensemble（副）一緒に
être（動）〜である・〜がある [英語の be 動詞に相当]
étudier（動）〜を勉強する・〜を研究する
extrait（名・男）抜粋・一部分

F facile（形）簡単な
film（名・男）映画（作品）
français（名・男）フランス語

G glace（名・女）アイスクリーム

I intéressant（形）興味深い・面白い

L livre（名・男）本

N nature（名・女）自然

P préférer（動）〜の方を好む　*「特殊な–er 動詞」については「もうちょっと文法を(1)」p.13 を参照
professeur（名・男）先生

R regarder（動）見る

S surtout（副）とりわけ・特に

T trop（副）あまりに・〜過ぎる

V verbe（名・男）動詞

第5課

A acheter（動）〜を買う
an（名・男）〜歳・年
anniversaire（名・男）誕生日
appeler（動）〜を呼ぶ　cf. appeler A B A を B と呼ぶ
aujourd'hui（副）今日
avoir（動）〜を持つ・〜を持っている

B beau（形）美しい・素晴らしい・[天気が] 良い
belle（形）beau の女性形
blanche ←「blanc（形）白い」の女性形

bon（形）良い・美味しい
bonne ←「bon（形）良い・美味しい」の女性形

C cadeau（名・男）贈り物・プレゼント
chaud（名・男）暑さ　cf. avoir chaud 暑い
chien（名）犬
chocolat（名・男）チョコレート　*ここでは犬の名前「ショコラ」
content（形）満足した・うれしい

D dix（数）10
dix-huit（数）18
dix-neuf（数）19

F faim（名・女）空腹　cf. avoir faim お腹が空いた
fille（名・女）女の子・少女
français（名・男）フランス語
frère（名・男）兄・弟
froid（名・男）寒さ　cf. avoir froid 寒い

G grand（形）大きい

I idée（名・女）アイディア・考え

J joli（形）きれいな・かわいらしい

L long（形）長い
livre（名・男）本

M maison（名・女）家
mauvais（形）悪い
mignon（形）可愛い
moi（代名）わたし　*強勢形については Leçon8 を参照
museau（名・男）[哺乳動物の] 鼻面

N noir（形）黒い

O orange（名・女）オレンジ

P parents（名・複）両親
patte（名・女）[動物の] 脚
petit（形）小さい
pour（前）〜のために・〜するために
pull（名・男）セーター

R restaurant（名・男）レストラン
rouge（形）赤い

S sœur（名・女）姉・妹
soif（名・女）喉の渇き　cf. avoir soif 喉が渇いた
sommeil（名・男）眠気　cf. avoir sommeil 眠い
sur（前）[位置を表して] 〜に

T tache（名・女）斑点・ぶち
tomate（名・女）トマト

V vais ← aller（動）行く
voiture（名・女）車・自動車

Y yeux（名・男・複）[両方の] 目

もうちょっと文法を（1）

A acheter（動）〜を買う
appeler（動）〜を呼ぶ　*cf. appeler AB*
A を B と呼ぶ
artiste（名）芸術家・アーティスト
B beau（形）美しい・素晴らしい・［天気が］良い
bon（形）良い・美味しい
C cheval（名・男）馬
E étudiant（名）学生
F facile（形）簡単な
français（形）フランスの
G gâteau（名・男）菓子・ケーキ
H heureux（形）幸せな
I international（形）国際的な
N nouveau（形）新しい
P pâtissier（名）菓子職人・パティシエ
pays（名・男）国・地方・故郷
petit（形）小さい
préférer（動）〜の方を好む
premier（形）一番目の
prix（名・男）値段・賞
S sportif（形）スポーツ（好き）の
V vendeur（名）店員・販売員
vieux（形）歳をとった・古い

第 6 課

A à（前）［場所を表して］〜へ
acheter（動）〜を買う
aller（動）行く
ami（名）友達
anniversaire（名・男）誕生日
aussi（副）〜もまた
avec（前）〜と一緒に
B baguette（名・女）バゲット
ballet（名・男）バレエ
bento（名・男）お弁当
bibliothèque（名・女）図書館
bon（形）良い・美味しい
bonne ←「bon（形）良い・美味しい」の女性形
boulangerie（名・女）［店舗を指して］パン屋
C café（名・男）喫茶店・カフェ
cinéma（名・男）映画・映画館
D demain（副）明日
E école（名・女）学校
en（前）［手段・方法を表して］〜で・〜によって
F film（名・男）映画（作品）
France（国名・女）フランス

J journée（名・女）［日の出から日没までの］1 日・昼間
O Opéra（名・男）オペラ座・オペラ劇場
P parc（名・男）公園
passer（動）［時間］を過ごす
piscine（名・女）プール
poste（名・女）郵便局
R regarder（動）〜を見る
T théâtre（名・男）劇場・芝居
toilettes（名・女・複）トイレ
train（名・男）電車
U université（名・女）大学
V voir（動）〜を見る、〜に会う

第 7 課

A acheter（動）買う
acteur（名）俳優
anguille（名・女）ウナギ
B bento（名・男）お弁当
bière（名・女）ビール
C café（名・男）コーヒー
ce（cette, ces）（指示形）この・その・あの　*Leçon 10-1 を参照
cuisine（名・女）台所
D dans（前）〜の中に
de（前）［場所を表して］〜から
E eau（名・女）水
équilibré（形）バランスのとれた
F faire（動）〜を作る・〜をする
frigo（名・男）冷蔵庫
fruit（名・男）果物
G gâteau（名・男）菓子・ケーキ
glace（名・女）アイスクリーム
H huile（名・女）油
I *il y a*〜　〜がある
Italie（国名・女）イタリア
J jouet（名・男）おもちゃ
jus（名・男）ジュース
L légume（名・男）野菜
M marché（名・男）市場
manger（動）食べる
minéral（形）ミネラルの・鉱物の
N nombreux（形）多くの・多数の
O ou（接）あるいは・または
où（疑副）どこ
P poisson（名・男）魚
pomme（名・女）リンゴ
Portugal（国名・男）ポルトガル
prendre（動）飲む・食べる・取る・乗る
*prendre の活用は Leçon8-1 を参照
préparer（動）〜を準備する・〜を用意する

R repas（名・男）食事
robe（名・女）ワンピース
S salade（名・女）サラダ菜
souvent（副）しばしば・たびたび
Suisse（国名・女）スイス
T thé（名・男）お茶
théâtre（名・男）劇場・芝居
V venir（動）来る
viande（名・女）肉

第8課

A aimer（動）〜を好む
allô（間投）［電話で］もしもし
alors（副）それなら
aussi（副）〜もまた
avec（前）〜と一緒に
B beaucoup（副）とても・大変
C café（名・男）コーヒー
chien（名）犬
chocolat（名・男）チョコレート
cinéma（名・男）映画・映画館
cuisine（名・女）台所・料理 *cf. faire
la cuisine* 料理をする
D dans（前）〜で・〜において
dessin（名・男）素描・デッサン・絵
cf. dessin animé アニメ
E en（前）［時点を表して］〜に
enfant（名）子供
est-ce que（疑副）［主語と動詞を倒置せず
に疑問文を作るため、文頭に置く］
ensemble（副）一緒に
été（名・男）夏 *cf. en été* 夏に
étudiant（名）学生
F faire（動）〜を作る・〜をする
G gâteau（名・男）お菓子・ケーキ
H hiver（名・男）冬 *cf. en hiver* 冬に
J jouer（自動）遊ぶ
jouet（名・男）おもちゃ
journaliste（名）ジャーナリスト・記者
M maintenant（副）今
manger（動）食べる
mère（名・女）母
P parents（名・複）両親
père（名・男）父
pour（前）〜のために・〜するために
prendre（動）飲む・食べる・取る・乗る
Q qu'est-ce que（疑代）何を
R regarder（動）〜を見る *cf. regarder A
+ 不定詞* Aが〜しているのを眺める
S ski（名・男）スキー *cf. faire du ski*
スキーをする
T train（名・男）電車

V venir（動）来る
vie（名・女）人生・生活
voile（名・女）帆 *cf. faire de la voile*
セーリングをする

第9課

A à（前）［時点を表して］〜に
acheter（動）〜を買う
aller（動）行く
améliorer（動）〜を改良する・〜を向上さ
せる
apprendre（動）〜を学ぶ・〜を習う
avoir（動）持つ
C café（名・男）コーヒー
cinéma（名・男）映画・映画館
E écrire（動）文字を書く・文を書く
en（前）［場所を表して］〜に・［手段・方法
を表して］〜で
enfant（名）子供
est-ce que（疑副）［主語と動詞を倒置せず
に疑問文を作るため、文頭に置く］
F facile（形）簡単な
fermer（動）〜を閉める
Français（名）フランス人
français（名・男）フランス語
France（国名・女）フランス
fumer（動）煙草を吸う
G gentil（形）親切な・優しい
goûter（名・男）おやつ
I ici（副）ここで・ここに・ここでは
interdit（形）禁じられた
L livre（名・男）本
M maintenant（副）今
midi（名・男）昼・正午
O ou（接）あるいは・または
P parents（名・複）両親
plus（副）より多くの *cf. de plus en
plus* ますます・しだいに
plutôt（副）むしろ・どちらかと言えば
poser（動）〜を置く・［問いなど］を出す
porte（名・女）ドア・扉
pouvoir（動）〜できる・［疑問文で依頼を
示し］〜してくれますか
pourquoi（疑副）なぜ・どうして
prendre（動）飲む・食べる・取る・乗る
Q quelqu'un（代名）誰か
question（名・女）質問・疑問
R rencontrer（動）〜に出会う
S *s'il te plaît* お願い
s'il vous plaît お願いします
sortir（動）外に出る・外出する
surtout（副）とりわけ・特に

T téléphoner（動）電話をかける
temps（名・男）時間・天気
train（名・男）電車
V vocabulaire（名・男）語彙・ボキャブラリー
voilà（接）ほら
vouloir（動）〜を望む・欲する
voyager（動）旅行する
vraiment（副）本当に

第10課

A acheter（動）〜を買う
adorable（形）とても可愛い・愛らしい
aimer（動）〜を好む
aller（動）行く
année（名・女）年
après-demain（副）あさって
après-midi（名・男）午後
aujourd'hui（副）今日
avec（前）〜と一緒に
avoir（動）持つ　*cf. il y a*〜　〜がある・いる
B beau（形）美しい・素晴らしい・[天気が]良い（女性形　belle）
beaucoup（副）とても・非常に
bien（副）とても
C chanson（名・女）歌
chat（名）猫
chaud（形）暑い
chien（名）犬
chocolat（名・男）チョコレート
commencer（動）始まる
cuisine（名・女）台所
D dans（前）〜の間に・〜の頃に
demain（副）明日
E être（動）[英語の be 動詞に相当]〜である・〜がある
études（名・女・複）学業
F faire（動）〜を作る・〜をする　*cf. il fait* 〜 [気候・天候などが]〜である
falloir（動）→ *Il faut*+ 不定詞　〜しなければならない
finir（動）〜を終える
froid（形）寒い
H heure（名・女）時間・〜時
huile（名・女）油
L livre（名・男）本
M matin（名・男）朝
mauvais（形）悪い
midi（名・男）正午・昼
mignon（形）可愛らしい
N neiger（動）雪が降る

P nuit（名・女）夜・夜間
P parents（名・複）両親
partir（動）出発する・出かける
pleut ← pleuvoir（動）
pleuvoir（動）雨が降る
pluie（名・女）雨
pouvoir（動）〜ができる
prochain（形）次の・今度の
R regarder（動）〜を見る
rose（名・女）バラ
S saison（名・女）季節
semaine（名・女）週
soir（名・男）夕方・晩・夜
sortir（動）外に出る・外出する
souvent（副）しばしば・たびたび
sur（前）〜の上に
T temps（名・男）時間・天気
toit（名・男）屋根
tout de suite　すぐに
V venir（動）来る
visiter（動）〜を訪れる
vivre（動）生きる
voir（動）〜を見る・〜に会う
vouloir（動）〜を望む・欲する
vraiment（副）本当に

もうちょっと文法を（2）

A aimer（動）〜を好む
aller（動）行く
avoir（動）〜を持つ・〜を持っている
B blanc（形）白い
boire（動）〜を飲む
C café（名・男）コーヒー
chocolat（名・男）チョコレート
D de（前）[場所を表して]〜から
devenus ← devenir（動）〜になる
E écrire（動）書く
en（前）[場所を表して]〜に・[時点を表して]〜に
et（接）〜と・そして
États-Unis（国名・男・複）アメリカ合衆国
F faire（動）〜を作る・〜をする
français（名・男）フランス語
France（国名・女）フランス
H hiver（名・男）冬
I Iran（国名・男）イラン
J Japon（国名・男）日本
M maintenant（副）今
O où（疑副）どこ
P parents（名・複）両親
poser（動）〜を置く・[問いなど]を出す

pourquoi（疑副）なぜ・どうして
pouvoir（動）～できる・［疑問文で依頼を示し］～してくれますか
prendre（動）飲む・食べる・取る・乗る

Q *quelque chose* 何か
question（名・女）質問・疑問

S sœur（名・女）姉妹

T téléphoner（動）電話をかける
tomber（動）落ちる・降りる

V venir（動）来る
vouloir（動）～を望む・欲する

第11課

A aimer（動）～が好きだ
s'arrêter（代名動）止まる・立ち止まる
avec（前）～と一緒に

C chien（名）犬
se coucher（代名動）寝る
curieux（形）好奇心の旺盛な・知りたがる

D dimanche（名・男）日曜日

E enfant（名）子供
être（動）［英語の be 動詞に相当］～である・～がある

H heure（名・女）時間・～時
cf. de bonne heure 朝早く

I s'intéresser（代名動）［à ～］［～に］興味を持つ

J jour（名・男）（ある）日・１日

L se lever（代名動）起きる
longtemps（副）長い間

M matin（名・男）朝
musique（名・女）音楽

O oiseau（名・男）鳥

P papa（名・男）パパ・お父さん
peinture（名・女）絵・絵画
pluie（名・女）雨
plus（副）［否定表現で］→ *ne ～ plus* もはや～ない
se promener（代名動）散歩する

Q quelle ←「quel（疑形）どんな・どのくらい」の女性形

R rien（代名）［ne とともに］何も～ない

S sol（名・男）地面
soir（名・男）夕方・晩・夜

T tard（副）遅く
temps（名・男）時間・天気
cf. de temps en temps 時々
tôt（副）早く
tout（代名）すべて・すべてのもの
cf. tous les jours 毎日, *tous les matins* 毎朝
très（副）非常に・とても

第12課

A acheter（動）～を買う
affaires（名・女・複）身の回り品・持ち物
aller（動）行く
ami（名）友達
attendre（動）～を待つ
aujourd'hui（副）今日

B beau（形）美しい・素晴らしい・［天気が］良い
beaucoup（副）とても・非常に
cf. beaucoup de ～ 多くの～
bibliothèque（名・女）図書館
bien（副）きちんと・よく・しっかり
bientôt（副）やがて・間もなく・近いうちに

C chez（前）～の家に・～の店で

D dans（前）～の中に・中で
demain（副）明日
devoir（動）［+ 不定詞］～しなければならない

E école（名・女）学校
emmènes ← emmener（動）～を連れて行く
en（前）［手段を表して］～で
encore（副）まだ
enfant（名）子供
ensemble（副）一緒に
être（動）［英語の be 動詞に相当］～である・～がある

F falloir（動）→ *il faut + 不定詞* ～しなければならない
France（国名・女）フランス

J jour（名・男）（ある）日・１日 *cf. un jour* ［未来の］いつか・いつの日か

L lait（名・男）牛乳

M mais（接）しかし
magasin（名・男）商店・店
maintenant（副）今
mauvais（形）悪い
médecin（名・男）医師
mignon（形）可愛い

N non（副）［問いに対して］いいえ

O oui（副）［問いに対して］はい

P partir（動）出発する
passer（動）［時間］を過ごす
plus（副）［否定表現で］→ *ne ～ plus* もはや～ない
pomme（名・女）りんご
préparer（動）～を準備する・～を用意する
professeur（名・男）先生

R rendez-vous（名・男）会う約束

retard（名・男）遅刻・遅れ *cf. être en retard* 遅刻する

rester（動）→ *il reste* とどまる・残っている

réviser（動）［目的語なしで］復習する

S souvent（副）しばしば・たびたび

T téléphoner（動）電話をかける

temps（名・男）時間・天気

test（名・男）テスト

tomate（名・女）トマト

tout de suite すぐに

U université（名・女）大学

V vin（名・男）ワイン

voir（動）〜を見る・〜に会う

voiture（名・女）車・自動車

vouloir（動）〜したい・〜が欲しい *cf. je voudrais* 〜（ていねいな表現）〜が欲しいです

vraiment（副）本当に

第13課

A aller（動）行く・［活動が］進む

août（名・男）8月

avoir（動）〜を持つ・持っている

B bien（副）よく

bientôt（副）やがて・間もなく・近いうちに

C carte（名・女）カード *cf. carte de vœux* グリーティングカード

chat（名）猫

chez（前）〜の家に・〜の店で

choisir（動）選ぶ

congé（名・男）休暇・休み

D dans（前）［+ 数量表現］〜後に

demi（形）〜半［性は先行する名詞に一致］

dentiste（名）歯科医

se dépêcher（代名動）急ぐ

deux（数）2

devoir（名・男）課題・宿題

dormir（動）眠る

E enfant（名）子供

être（動）［英語の be 動詞に相当］〜である・〜がある

F falloir（非人称）→ *il faut + 不定詞* 〜しなければならない

fin（名・女）終わり・最後

finir（動）〜を終える

G grossir（動）太る

H heure（名・女）時間・〜時 *cf. à l'heure* 定刻通り

J jour（名・男）（ある）日・1日

M maintenant（副）今

mal（副）悪く・下手に・不十分に

manger（動）食べる

matin（名・男）朝

midi（名・男）昼・正午

minute（名・女）分

moins（前）引く・マイナス

mois（名・男）［暦の上での］月・1ヶ月

N nuit（名・女）夜

P partir（動）出発する・出かける

se promener（代名動）散歩する

Q quart（名・男）四分の一

R réfléchir（動）よく考える

rendez-vous（名・男）会う約束

repas（名・男）食事

retard（名・男）遅刻・遅れ *cf. être en retard* 遅刻した・遅れている

réussir（動）うまくやる・成功する

rougir（動）赤くなる

S soir（名・男）夕方・晩・夜

sortir（動）外に出る・外出する

T tout（代名）すべて・すべてのもの

train（名・男）電車

travail（名・男）仕事

V vacances（名・女・複）長期休暇・バカンス

vingt（数）20

vœux（名・男・複）祈願・祝福

voilà（前）［人や物を示して］そこに〜がいます・あります

［間投詞的に］さて

W week-end（名・男）週末

第14課

A aimer（動）〜を好む

acheter（動）〜を買う

aller（動）行く

ami（名）友達

s'amuser（代名動）楽しむ

année（名・女）年

après-midi（名・男）午後

arriver（動）到着する

autre（形）別の・他の

avant-hier（副）一昨日

avec（前）〜と一緒に

avoir（動）〜を持つ・持っている

B bateau（名・男）船

beaucoup（副）とても・非常に *cf. beaucoup de* 〜 たくさんの〜

bien（副）よく・とても

boire（動）〜を飲む

C chien（名）犬

cousin（名・男）従兄弟

cours（名・男）授業・講義

D dernière ←「dernier（形）この前の・すぐ前の」の女性形

disque（名・男）CD

E et（接）〜と・そして

être（動）〜である

F faire（動）〜を作る・〜をする

finir（動）〜を終える

G gens（名・男・複）人々

H heure（名・女）時間・〜時　*cf. de bonne heure*　朝早く

hier（副）昨日

I institut（名・男）学院・研究所　*cf. l'Institut français du Kansai*　関西日仏会館

J juillet（名・男）7月　*cf. en juillet*　7月に　＊月の名称は p.46 を参照

juin（名・男）6月　*cf. en juin*　6月に

L se lever（代名動）起きる

M M. =「monsieur（名・男）[男性に対する敬称・呼びかけで]…氏・…さん」の省略形

magasin（名・男）商店・店

cf. faire les magasins　ショッピングをする

manger（動）食べる

marché（名・男）市場・マルシェ

mariage（名・男）結婚・結婚式

matin（名・男）朝

mère（名・女）母

minute（名・女）分

mourir（動）死ぬ

N naître（動）生まれる

P partir（動）出発する・出かける

pleuvoir（動）雨が降る

poulet（名・男）若鶏（ここでは食用を指す）

prendre（動）飲む・食べる・取る・乗る

presque（副）ほとんど・ほぼ

professeur（名・男）先生

se promener（代・動）散歩する

R regarder（動）〜を見る

rencontre（名・女）[偶然の] 出会い・遭遇　*cf. faire la rencontre de 〜*　と出会う

rentrer（動）戻る・帰る

restaurant（名・男）レストラン

S semestre（名・男）[年2学期制の] 学期

soir（名・男）夕方・晩・夜

sûr（形）確信した　*cf. bien sûr*　もちろん

T télé ←「télévision（名・女）テレビ」の省略形

téléphoner（動）電話をかける

train（名・男）電車

travailler（動）勉強する・仕事をする

U université（名・女）大学

V venir（動）来る

voir（動）〜を見る・〜に会う

第 15 課

A affiche（名・女）広告・張り紙・ポスター

aller（動）行く

alors（副）それで・だから

an（名・男）〜歳・年

animal（名・男）動物

s'appeler（代名動）名前は〜である

autrefois（副）昔・かつて・以前は

avoir（動）〜を持つ・〜を持っている

B bain（名・男）入浴・風呂

beau（形）美しい・きれいな・天気がいい

beaucoup（副）とても・非常に

cf. beaucoup de 〜　たくさんの〜

bientôt（副）やがて・間もなく・近いうちに

bon（形）良い・美味しい

bonne ←「bon（形）良い・美味しい」の女性形

Bretagne（地方名・女）ブルターニュ地方

boire（動）〜を飲む

C château（名・男）城

chez（前）〜の家に・〜の店で

cidre（名・男）シードル・リンゴ酒

cirque（名・男）サーカス

crêpe（名・女）クレープ

D dans（前）〜の時・〜の頃

dix（数）10

domestique（形）家庭の・[動物が] 飼い慣らされた

E enfance（名・女）幼年時代・子供の頃

ensemble（副）一緒に

et（接）〜と・そして

été（名・男）夏

être（動）[英語の be 動詞に相当] 〜である・〜がある

exposition（名・女）展覧会

F faire（動）〜を作る・〜をする

famille（名・女）家族・家庭　*cf. en famille*　家族で

frère（名・男）兄・弟

G grand（形）大きい

grand-mère（名・女）祖母

grand-père（名・男）祖父

grève（名・女）ストライキ

H heureuse ←「heureux（形）幸福な」の女性形

hier（副）昨日

I ici（副）ここに
incendie（名・男）火事・火災
institut（名・男）学院・研究所 *cf. l'Institut français du Kansai* 関西日仏会館
intéressant（形）興味深い・面白い
international（形）国際的な
J jour（名・男）（ある）日・1日 *cf. un jour [未来の]* いつか・いつの日か
L lycée（名・男）リセ・高校
lycéen（名）リセの生徒・高校生
M mais（接）しかし
manger（動）食べる
marché（名・男）市場・マルシェ
mère（名・女）母
métro（名・男）地下鉄・メトロ
monde（名・男）[集合的に] 人々・たくさんの人
montagne（名・女）山
N naître（動）生まれる
P parler（動）話す
partir（動）出発する・出かける
passer（動）[時間] を過ごす
père（名・男）父
petit（形）小さい
peu（副）少し・わずか
pompier（名・男）消防士
pour（前）〜のために・〜するために
prendre（動）飲む・食べる・取る・乗る
Q quand（接）〜する時に
R rentrer（動）帰る・帰宅する
S sœur（名・女）姉・妹
souvent（副）しばしば・たびたび
spécialité（名・女）特産品・名物
T téléphoner（動）電話をかける
thé（名・男）お茶・紅茶
toujours（副）いつも・常に
train（名・男）電車
très（副）非常に・とても
U université（名・女）大学
V vacances（名・女・複）長期休暇・バカンス
vin（名・男）ワイン
vivant（形）生き生きした・活気のある
voir（動）〜を見る・〜に会う

もうちょっと文法を（3）

A âge（名・男）年齢
aller（動）行く
B beau（形）美しい・素晴らしい・[天気が] 良い
C se coucher（代名動）寝る
F faire（動）〜を作る・〜をする

France（国名・女）フランス
H heure（名・女）時間・〜時
J jour（名・男）（ある）日・一日 *cf. un jour [未来の]* いつか・いつの日か
S si（接）もし〜なら
V vélo（名・男）自転車
vouloir（動）〜を望む・欲する

Fin de l'hitoire

A acheter（動）〜を買う
aller（動）行く
alors（副）それで・だから
ami（名）友達
s'appeler（代名動）名前は〜である
apprendre（動）〜を学ぶ・〜を習う
aussi（副）〜もまた
C château（名・男）城
contact（名・男）接触・連絡
course（名・女）[複数形で] 買い物 *cf. faire des courses* 買い物をする
D dans（前）[場所を表して] 〜に・〜で
deuxième（形）二番目の
devenus ← devenir（動）〜になる
E en（前）[場所を表して] 〜に・〜で
entreprise（名・女）会社・企業
espérer（動）期待する・希望する
et（接）〜と・そして
été（名・男）夏
étudiant（名）学生
F faire（動）〜を作る・〜をする
famille（名・女）家族
Français（名・男）フランス人
français（名・男）フランス語
H hier（副）昨日
I institut（名・男）学院・研究所
J jour（名・男）（ある）日・1日 *cf. un jour [未来の]* いつか・いつの日か
L Loire（固有名・女）ロワール川（流域に散在するルネサンス期の古城が有名）
Louvre（固有名・男）ルーヴル（パリ右岸にある美術館でかつての王宮）
M marché（名・男）市場・マルシェ
mois（名・男）[暦の上での] 月・1ヶ月
musée（名・男）美術館・博物館
O Orangerie（固有名）オランジュリー（パリ右岸にある美術館。モネの『睡蓮』連作が有名）
Orsay（固有名）オルセー（パリ左岸にある19世紀美術中心の美術館で旧駅舎）
P partie（名・女）部分
pendant（前）〜の間
pour（前）〜のために・〜するために

Q que（疑代）何（を）・どのように

R se réaliser（代名動）［計画などが］実現する

rencontre（名・女）出会い

rester（動）［状態に］とどまる・〜のままでいる・〜し続ける *cf. rester en contact* 連絡をとり続ける

retrouver（動）再び見出す・再会する

rêve（名・男）夢

revoir（動）再び見る・再会する

S souvenir（名・男）お土産

stage（名・男）研修 , セミナー

T *tout de suite* すぐに

U université（名・女）大学

V visiter（動）〜を訪れる・〜を訪問する

vivre（動）生きる・暮らす

I. aimer	III. être aimé(e)(s)	
II. arriver	IV. se lever	

1. avoir	17. venir	33. rire
2. être	18. ouvrir	34. croire
3. parler	19. rendre	35. craindre
4. placer	20. mettre	36. prendre
5. manger	21. battre	37. boire
6. acheter	22. suivre	38. voir
7. appeler	23. vivre	39. asseoir
8. préférer	24. écrire	40. recevoir
9. employer	25. connaître	41. devoir
10. envoyer	26. naître	42. pouvoir
11. aller	27. conduire	43. vouloir
12. finir	28. suffire	44. savoir
13. partir	29. lire	45. valoir
14. courir	30. plaire	46. falloir
15. fuir	31. dire	47. pleuvoir
16. mourir	32. faire	

不定形・分詞形 ／ 直説法

I. aimer
aimant, aimé, ayant aimé （助動詞　avoir）

現在	半過去	単純過去
j' aime	j' aimais	j' aimai
tu aimes	tu aimais	tu aimas
il aime	il aimait	il aima
nous aimons	nous aimions	nous aimâmes
vous aimez	vous aimiez	vous aimâtes
ils aiment	ils aimaient	ils aimèrent

命令法：aime, aimons, aimez

複合過去	大過去	前過去
j' ai aimé	j' avais aimé	j' eus aimé
tu as aimé	tu avais aimé	tu eus aimé
il a aimé	il avait aimé	il eut aimé
nous avons aimé	nous avions aimé	nous eûmes aimé
vous avez aimé	vous aviez aimé	vous eûtes aimé
ils ont aimé	ils avaient aimé	ils eurent aimé

II. arriver
arrivant, arrivé, étant arrivé(e)(s) （助動詞　être）

複合過去	大過去	前過去
je suis arrivé(e)	j' étais arrivé(e)	je fus arrivé(e)
tu es arrivé(e)	tu étais arrivé(e)	tu fus arrivé(e)
il est arrivé	il était arrivé	il fut arrivé
elle est arrivée	elle était arrivée	elle fut arrivée
nous sommes arrivé(e)s	nous étions arrivé(e)s	nous fûmes arrivé(e)s
vous êtes arrivé(e)(s)	vous étiez arrivé(e)(s)	vous fûtes arrivé(e)(s)
ils sont arrivés	ils étaient arrivés	ils furent arrivés
elles sont arrivées	elles étaient arrivées	elles furent arrivées

III. être aimé(e)(s)　受動態
étant aimé(e)(s), ayant été aimé(e)(s)

現在	半過去	単純過去
je suis aimé(e)	j' étais aimé(e)	je fus aimé(e)
tu es aimé(e)	tu étais aimé(e)	tu fus aimé(e)
il est aimé	il était aimé	il fut aimé
elle est aimée	elle était aimée	elle fut aimée
n. sommes aimé(e)s	n. étions aimé(e)s	n. fûmes aimé(e)s
v. êtes aimé(e)(s)	v. étiez aimé(e)(s)	v. fûtes aimé(e)(s)
ils sont aimés	ils étaient aimés	ils furent aimés
elles sont aimées	elles étaient aimées	elles furent aimées

命令法：sois aimé(e), soyons aimé(e)s, soyez aimé(e)(s)

複合過去	大過去	前過去
j' ai été aimé(e)	j' avais été aimé(e)	j' eus été aimé(e)
tu as été aimé(e)	tu avais été aimé(e)	tu eus été aimé(e)
il a été aimé	il avait été aimé	il eut été aimé
elle a été aimée	elle avait été aimée	elle eut été aimée
n. avons été aimé(e)s	n. avions été aimé(e)s	n. eûmes été aimé(e)s
v. avez été aimé(e)(s)	v. aviez été aimé(e)(s)	v. eûtes été aimé(e)(s)
ils ont été aimés	ils avaient été aimés	ils eurent été aimés
elles ont été aimées	elles avaient été aimées	elles eurent été aimées

IV. se lever　代名動詞
se levant, s'étant levé(e)(s)

現在	半過去	単純過去
je me lève	je me levais	je me levai
tu te lèves	tu te levais	tu te levas
il se lève	il se levait	il se leva
n. n. levons	n. n. levions	n. n. levâmes
v. v. levez	v. v. leviez	v. v. levâtes
ils se lèvent	ils se levaient	ils se levèrent

命令法：lève-toi, levons-nous, levez-vous

複合過去	大過去	前過去
je me suis levé(e)	je m' étais levé(e)	je me fus levé(e)
tu t' es levé(e)	tu t' étais levé(e)	tu te fus levé(e)
il s' est levé	il s' était levé	il se fut levé
elle s' est levée	elle s' était levée	elle se fut levée
n. n. sommes levé(e)s	n. n. étions levé(e)s	n. n. fûmes levé(e)s
v. v. êtes levé(e)(s)	v. v. étiez levé(e)(s)	v. v. fûtes levé(e)(s)
ils se sont levés	ils s' étaient levés	ils se furent levés
elles se sont levées	elles s' étaient levées	elles se furent levées

直説法 | 条件法 | 接続法

直説法 単純未来	条件法 現在	接続法 現在	接続法 半過去
j' aimerai	j' aimerais	j' aime	j' aimasse
tu aimeras	tu aimerais	tu aimes	tu aimasses
il aimera	il aimerait	il aime	il aimât
nous aimerons	nous aimerions	nous aimions	nous aimassions
vous aimerez	vous aimeriez	vous aimiez	vous aimassiez
ils aimeront	ils aimeraient	ils aiment	ils aimassent

前未来	過去	過去	大過去
j' aurai aimé	j' aurais aimé	j' aie aimé	j' eusse aimé
tu auras aimé	tu aurais aimé	tu aies aimé	tu eusses aimé
il aura aimé	il aurait aimé	il ait aimé	il eût aimé
nous aurons aimé	nous aurions aimé	nous ayons aimé	nous eussions aimé
vous aurez aimé	vous auriez aimé	vous ayez aimé	vous eussiez aimé
ils auront aimé	ils auraient aimé	ils aient aimé	ils eussent aimé

前未来	過去	過去	大過去
je serai arrivé(e)	je serais arrivé(e)	je sois arrivé(e)	je fusse arrivé(e)
tu seras arrivé(e)	tu serais arrivé(e)	tu sois arrivé(e)	tu fusses arrivé(e)
il sera arrivé	il serait arrivé	il soit arrivé	il fût arrivé
elle sera arrivée	elle serait arrivée	elle soit arrivée	elle fût arrivée
nous serons arrivé(e)s	nous serions arrivé(e)s	nous soyons arrivé(e)s	nous fussions arrivé(e)s
vous serez arrivé(e)(s)	vous seriez arrivé(e)(s)	vous soyez arrivé(e)(s)	vous fussiez arrivé(e)(s)
ils seront arrivés	ils seraient arrivés	ils soient arrivés	ils fussent arrivés
elles seront arrivées	elles seraient arrivées	elles soient arrivées	elles fussent arrivées

単純未来	現在	現在	半過去
je serai aimé(e)	je serais aimé(e)	je sois aimé(e)	je fusse aimé(e)
tu seras aimé(e)	tu serais aimé(e)	tu sois aimé(e)	tu fusses aimé(e)
il sera aimé	il serait aimé	il soit aimé	il fût aimé
elle sera aimée	elle serait aimée	elle soit aimée	elle fût aimée
n. serons aimé(e)s	n. serions aimé(e)s	n. soyons aimé(e)s	n. fussions aimé(e)s
v. serez aimé(e)(s)	v. seriez aimé(e)(s)	v. soyez aimé(e)(s)	v. fussiez aimé(e)(s)
ils seront aimés	ils seraient aimés	ils soient aimés	ils fussent aimés
elles seront aimées	elles seraient aimées	elles soient aimées	elles fussent aimées

前未来	過去	過去	大過去
j' aurai été aimé(e)	j' aurais été aimé(e)	j' aie été aimé(e)	j' eusse été aimé(e)
tu auras été aimé(e)	tu aurais été aimé(e)	tu aies été aimé(e)	tu eusses été aimé(e)
il aura été aimé	il aurait été aimé	il ait été aimé	il eût été aimé
elle aura été aimée	elle aurait été aimée	elle ait été aimée	elle eût été aimée
n. aurons été aimé(e)s	n. aurions été aimé(e)s	n. ayons été aimé(e)s	n. eussions été aimé(e)s
v. aurez été aimé(e)(s)	v. auriez été aimé(e)(s)	v. ayez été aimé(e)(s)	v. eussiez été aimé(e)(s)
ils auront été aimés	ils auraient été aimés	ils aient été aimés	ils eussent été aimés
elles auront été aimées	elles auraient été aimées	elles aient été aimées	elles eussent été aimées

単純未来	現在	現在	半過去
je me lèverai	je me lèverais	je me lève	je me levasse
tu te lèveras	tu te lèverais	tu te lèves	tu te levasses
il se lèvera	il se lèverait	il se lève	il se levât
n. n. lèverons	n. n. lèverions	n. n. levions	n. n. levassions
v. v. lèverez	v. v. lèveriez	v. v. leviez	v. v. levassiez
ils se lèveront	ils se lèveraient	ils se lèvent	ils se levassent

前未来	過去	過去	大過去
je me serai levé(e)	je me serais levé(e)	je me sois levé(e)	je me fusse levé(e)
tu te seras levé(e)	tu te serais levé(e)	tu te sois levé(e)	tu te fusses levé(e)
il se sera levé	il se serait levé	il se soit levé	il se fût levé
elle se sera levée	elle se serait levée	elle se soit levée	elle se fût levée
n. n. serons levé(e)s	n. n. serions levé(e)s	n. n. soyons levé(e)s	n. n. fussions levé(e)s
v. v. serez levé(e)(s)	v. v. seriez levé(e)(s)	v. v. soyez levé(e)(s)	v. v. fussiez levé(e)(s)
ils se seront levés	ils se seraient levés	ils se soient levés	ils se fussent levés
elles se seront levées	elles se seraient levées	elles se soient levées	elles se fussent levées

不 定 形 分 詞 形	直　　説　　法			
	現　　在	半　過　去	単　純　過　去	単　純　未　来
1. avoir もつ ayant eu [y]	j' ai tu as il a n. avons v. avez ils ont	j' avais tu avais il avait n. avions v. aviez ils avaient	j' eus [y] tu eus il eut n. eûmes v. eûtes ils eurent	j' aurai tu auras il aura n. aurons v. aurez ils auront
2. être 在る étant été	je suis tu es il est n. sommes v. êtes ils sont	j' étais tu étais il était n. étions v. étiez ils étaient	je fus tu fus il fut n. fûmes v. fûtes ils furent	je serai tu seras il sera n. serons v. serez ils seront
3. parler 話す parlant parlé	je parle tu parles il parle n. parlons v. parlez ils parlent	je parlais tu parlais il parlait n. parlions v. parliez ils parlaient	je parlai tu parlas il parla n. parlâmes v. parlâtes ils parlèrent	je parlerai tu parleras il parlera n. parlerons v. parlerez ils parleront
4. placer 置く plaçant placé	je place tu places il place n. plaçons v. placez ils placent	je plaçais tu plaçais il plaçait n. placions v. placiez ils plaçaient	je plaçai tu plaças il plaça n. plaçâmes v. plaçâtes ils placèrent	je placerai tu placeras il placera n. placerons v. placerez ils placeront
5. manger 食べる mangeant mangé	je mange tu manges il mange n. mangeons v. mangez ils mangent	je mangeais tu mangeais il mangeait n. mangions v. mangiez ils mangeaient	je mangeai tu mangeas il mangea n. mangeâmes v. mangeâtes ils mangèrent	je mangerai tu mangeras il mangera n. mangerons v. mangerez ils mangeront
6. acheter 買う achetant acheté	j' achète tu achètes il achète n. achetons v. achetez ils achètent	j' achetais tu achetais il achetait n. achetions v. achetiez ils achetaient	j' achetai tu achetas il acheta n. achetâmes v. achetâtes ils achetèrent	j' achèterai tu achèteras il achètera n. achèterons v. achèterez ils achèteront
7. appeler 呼ぶ appelant appelé	j' appelle tu appelles il appelle n. appelons v. appelez ils appellent	j' appelais tu appelais il appelait n. appelions v. appeliez ils appelaient	j' appelai tu appelas il appela n. appelâmes v. appelâtes ils appelèrent	j' appellerai tu appelleras il appellera n. appellerons v. appellerez ils appelleront
8. préférer より好む préférant préféré	je préfère tu préfères il préfère n. préférons v. préférez ils préfèrent	je préférais tu préférais il préférait n. préférions v. préfériez ils préféraient	je préférai tu préféras il préféra n. préférâmes v. préférâtes ils préférèrent	je préférerai tu préféreras il préférera n. préférerons v. préférerez ils préféreront

条　件　法	接　　続　　法		命　令　法	同型活用の動詞
現　　在	現　　在	半　過　去	現　　在	（注意）
j' aurais tu aurais il aurait n. aurions v. auriez ils auraient	j' aie tu aies il ait n. ayons v. ayez ils aient	j' eusse tu eusses il eût n. eussions v. eussiez ils eussent	aie ayons ayez	
je serais tu serais il serait n. serions v. seriez ils seraient	je sois tu sois il soit n. soyons v. soyez ils soient	je fusse tu fusses il fût n. fussions v. fussiez ils fussent	sois soyons soyez	
je parlerais tu parlerais il parlerait n. parlerions v. parleriez ils parleraient	je parle tu parles il parle n. parlions v. parliez ils parlent	je parlasse tu parlasses il parlât n. parlassions v. parlassiez ils parlassent	parle parlons parlez	第1群規則動詞 （4型〜10型をのぞく）
je placerais tu placerais il placerait n. placerions v. placeriez ils placeraient	je place tu places il place n. placions v. placiez ils placent	je plaçasse tu plaçasses il plaçât n. plaçassions v. plaçassiez ils plaçassent	place plaçons placez	—cer の動詞 annoncer, avancer, commencer, effacer, renoncer など. （a, o の前で c → ç）
je mangerais tu mangerais il mangerait n. mangerions v. mangeriez ils mangeraient	je mange tu manges il mange n. mangions v. mangiez ils mangent	je mangeasse tu mangeasses il mangeât n. mangeassions v. mangeassiez ils mangeassent	mange mangeons mangez	—ger の動詞 arranger, changer, charger, engager, nager, obliger など. （a, o の前で g → ge）
j' achèterais tu achèterais il achèterait n. achèterions v. achèteriez ils achèteraient	j' achète tu achètes il achète n. achetions v. achetiez ils achètent	j' achetasse tu achetasses il achetât n. achetassions v. achetassiez ils achetassent	achète achetons achetez	—e＋子音＋er の動詞 achever, lever, mener など. （7型をのぞく. e muet を 含む音節の前で e → è）
j' appellerais tu appellerais il appellerait n. appellerions v. appelleriez ils appelleraient	j' appelle tu appelles il appelle n. appelions v. appeliez ils appellent	j' appelasse tu appelasses il appelât n. appelassions v. appelassiez ils appelassent	appelle appelons appelez	—eter, —eler の動詞 jeter, rappeler など. （6型のものもある. e muet の前で t, l を重ね る）
je préférerais tu préférerais il préférerait n. préférerions v. préféreriez ils préféreraient	je préfère tu préfères il préfère n. préférions v. préfériez ils préfèrent	je préférasse tu préférasses il préférât n. préférassions v. préférassiez ils préférassent	préfère préférons préférez	—é＋子音＋er の動詞 céder, espérer, opérer, répéter など. （e muet を含む語末音節 の前で é → è）

不 定 形 分 詞 形	直　　　説　　　法			
	現　　在	半　過　去	単　純　過　去	単　純　未　来
9. employer 使う employant employé	j'　emploie tu　emploies il　emploie n.　employons v.　employez ils　emploient	j'　employais tu　employais il　employait n.　employions v.　employiez ils　employaient	j'　employai tu　employas il　employa n.　employâmes v.　employâtes ils　employèrent	j'　emploierai tu　emploieras il　emploiera n.　emploierons v.　emploierez ils　emploieront
10. envoyer 送る envoyant envoyé	j'　envoie tu　envoies il　envoie n.　envoyons v.　envoyez ils　envoient	j'　envoyais tu　envoyais il　envoyait n.　envoyions v.　envoyiez ils　envoyaient	j'　envoyai tu　envoyas il　envoya n.　envoyâmes v.　envoyâtes ils　envoyèrent	j'　enverrai tu　enverras il　enverra n.　enverrons v.　enverrez ils　enverront
11. aller 行く allant allé	je　vais tu　vas il　va n.　allons v.　allez ils　vont	j'　allais tu　allais il　allait n.　allions v.　alliez ils　allaient	j'　allai tu　allas il　alla n.　allâmes v.　allâtes ils　allèrent	j'　irai tu　iras il　ira n.　irons v.　irez ils　iront
12. finir 終える finissant fini	je　finis tu　finis il　finit n.　finissons v.　finissez ils　finissent	je　finissais tu　finissais il　finissait n.　finissions v.　finissiez ils　finissaient	je　finis tu　finis il　finit n.　finîmes v.　finîtes ils　finirent	je　finirai tu　finiras il　finira n.　finirons v.　finirez ils　finiront
13. partir 出発する partant parti	je　pars tu　pars il　part n.　partons v.　partez ils　partent	je　partais tu　partais il　partait n.　partions v.　partiez ils　partaient	je　partis tu　partis il　partit n.　partîmes v.　partîtes ils　partirent	je　partirai tu　partiras il　partira n.　partirons v.　partirez ils　partiront
14. courir 走る courant couru	je　cours tu　cours il　court n.　courons v.　courez ils　courent	je　courais tu　courais il　courait n.　courions v.　couriez ils　couraient	je　courus tu　courus il　courut n.　courûmes v.　courûtes ils　coururent	je　courrai tu　courras il　courra n.　courrons v.　courrez ils　courront
15. fuir 逃げる fuyant fui	je　fuis tu　fuis il　fuit n.　fuyons v.　fuyez ils　fuient	je　fuyais tu　fuyais il　fuyait n.　fuyions v.　fuyiez ils　fuyaient	je　fuis tu　fuis il　fuit n.　fuîmes v.　fuîtes ils　fuirent	je　fuirai tu　fuiras il　fuira n.　fuirons v.　fuirez ils　fuiront
16. mourir 死ぬ mourant mort	je　meurs tu　meurs il　meurt n.　mourons v.　mourez ils　meurent	je　mourais tu　mourais il　mourait n.　mourions v.　mouriez ils　mouraient	je　mourus tu　mourus il　mourut n.　mourûmes v.　mourûtes ils　moururent	je　mourrai tu　mourras il　mourra n.　mourrons v.　mourrez ils　mourront

条　件　法	接　　続　　法		命　令　法	同型活用の動詞
現　　在	現　　在	半　過　去	現　　在	（注意）
j'　emploierais tu　emploierais il　emploierait n.　emploierions v.　emploieriez ils　emploieraient	j'　emploie tu　emploies il　emploie n.　employions v.　employiez ils　emploient	j'　employasse tu　employasses il　employât n.　employassions v.　employassiez ils　employassent	emploie employons employez	—oyer, —uyer, —ayer の動詞 (e muet の前で y → i. —ayer は 3 型でもよい. また envoyer → 10)
j'　enverrais tu　enverrais il　enverrait n.　enverrions v.　enverriez ils　enverraient	j'　envoie tu　envoies il　envoie n.　envoyions v.　envoyiez ils　envoient	j'　envoyasse tu　envoyasses il　envoyât n.　envoyassions v.　envoyassiez ils　envoyassent	envoie envoyons envoyez	renvoyer （未来，条・現のみ 9 型と ことなる）
j'　irais tu　irais il　irait n.　irions v.　iriez ils　iraient	j'　aille tu　ailles il　aille n.　allions v.　alliez ils　aillent	j'　allasse tu　allasses il　allât n.　allassions v.　allassiez ils　allassent	va allons allez	
je　finirais tu　finirais il　finirait n.　finirions v.　finiriez ils　finiraient	je　finisse tu　finisses il　finisse n.　finissions v.　finissiez ils　finissent	je　finisse tu　finisses il　finît n.　finissions v.　finissiez ils　finissent	finis finissons finissez	第 2 群規則動詞
je　partirais tu　partirais il　partirait n.　partirions v.　partiriez ils　partiraient	je　parte tu　partes il　parte n.　partions v.　partiez ils　partent	je　partisse tu　partisses il　partît n.　partissions v.　partissiez ils　partissent	pars partons partez	dormir, endormir, se repentir, sentir, servir, sortir
je　courrais tu　courrais il　courrait n.　courrions v.　courriez ils　courraient	je　coure tu　coures il　coure n.　courions v.　couriez ils　courent	je　courusse tu　courusses il　courût n.　courussions v.　courussiez ils　courussent	cours courons courez	accourir, parcourir, secourir
je　fuirais tu　fuirais il　fuirait n.　fuirions v.　fuiriez ils　fuiraient	je　fuie tu　fuies il　fuie n.　fuyions v.　fuyiez ils　fuient	je　fuisse tu　fuisses il　fuît n.　fuissions v.　fuissiez ils　fuissent	fuis fuyons fuyez	s'enfuir
je　mourrais tu　mourrais il　mourrait n.　mourrions v.　mourriez ils　mourraient	je　meure tu　meures il　meure n.　mourions v.　mouriez ils　meurent	je　mourusse tu　mourusses il　mourût n.　mourussions v.　mourussiez ils　mourussent	meurs mourons mourez	

不 定 形 分 詞 形	直 説 法			
	現　　在	半　過　去	単 純 過 去	単 純 未 来
17. venir 来る venant venu	je viens tu viens il vient n. venons v. venez ils viennent	je venais tu venais il venait n. venions v. veniez ils venaient	je vins tu vins il vint n. vînmes v. vîntes ils vinrent	je viendrai tu viendras il viendra n. viendrons v. viendrez ils viendront
18. ouvrir あける ouvrant ouvert	j' ouvre tu ouvres il ouvre n. ouvrons v. ouvrez ils ouvrent	j' ouvrais tu ouvrais il ouvrait n. ouvrions v. ouvriez ils ouvraient	j' ouvris tu ouvris il ouvrit n. ouvrîmes v. ouvrîtes ils ouvrirent	j' ouvrirai tu ouvriras il ouvrira n. ouvrirons v. ouvrirez ils ouvriront
19. rendre 返す rendant rendu	je rends tu rends il rend n. rendons v. rendez ils rendent	je rendais tu rendais il rendait n. rendions v. rendiez ils rendaient	je rendis tu rendis il rendit n. rendîmes v. rendîtes ils rendirent	je rendrai tu rendras il rendra n. rendrons v. rendrez ils rendront
20. mettre 置く mettant mis	je mets tu mets il met n. mettons v. mettez ils mettent	je mettais tu mettais il mettait n. mettions v. mettiez ils mettaient	je mis tu mis il mit n. mîmes v. mîtes ils mirent	je mettrai tu mettras il mettra n. mettrons v. mettrez ils mettront
21. battre 打つ battant battu	je bats tu bats il bat n. battons v. battez ils battent	je battais tu battais il battait n. battions v. battiez ils battaient	je battis tu battis il battit n. battîmes v. battîtes ils battirent	je battrai tu battras il battra n. battrons v. battrez ils battront
22. suivre ついて行く suivant suivi	je suis tu suis il suit n. suivons v. suivez ils suivent	je suivais tu suivais il suivait n. suivions v. suiviez ils suivaient	je suivis tu suivis il suivit n. suivîmes v. suivîtes ils suivirent	je suivrai tu suivras il suivra n. suivrons v. suivrez ils suivront
23. vivre 生きる vivant vécu	je vis tu vis il vit n. vivons v. vivez ils vivent	je vivais tu vivais il vivait n. vivions v. viviez ils vivaient	je vécus tu vécus il vécut n. vécûmes v. vécûtes ils vécurent	je vivrai tu vivras il vivra n. vivrons v. vivrez ils vivront
24. écrire 書く écrivant écrit	j' écris tu écris il écrit n. écrivons v. écrivez ils écrivent	j' écrivais tu écrivais il écrivait n. écrivions v. écriviez ils écrivaient	j' écrivis tu écrivis il écrivit n. écrivîmes v. écrivîtes ils écrivirent	j' écrirai tu écriras il écrira n. écrirons v. écrirez ils écriront

条 件 法	接 続 法		命 令 法	同型活用の動詞
現　在	現　在	半 過 去	現　在	（注意）
je viendrais tu viendrais il viendrait n. viendrions v. viendriez ils viendraient	je vienne tu viennes il vienne n. venions v. veniez ils viennent	je vinsse tu vinsses il vînt n. vinssions v. vinssiez ils vinssent	viens venons venez	convenir, devenir, provenir, revenir, se souvenir ; tenir, appartenir, maintenir, obtenir, retenir, soutenir
j' ouvrirais tu ouvrirais il ouvrirait n. ouvririons v. ouvririez ils ouvriraient	j' ouvre tu ouvres il ouvre n. ouvrions v. ouvriez ils ouvrent	j' ouvrisse tu ouvrisses il ouvrît n. ouvrissions v. ouvrissiez ils ouvrissent	ouvre ouvrons ouvrez	couvrir, découvrir, offrir, souffrir
je rendrais tu rendrais il rendrait n. rendrions v. rendriez ils rendraient	je rende tu rendes il rende n. rendions v. rendiez ils rendent	je rendisse tu rendisses il rendît n. rendissions v. rendissiez ils rendissent	rends rendons rendez	attendre, défendre, descendre, entendre, perdre, prétendre, répondre, tendre, vendre
je mettrais tu mettrais il mettrait n. mettrions v. mettriez ils mettraient	je mette tu mettes il mette n. mettions v. mettiez ils mettent	je misse tu misses il mît n. missions v. missiez ils missent	mets mettons mettez	admettre, commettre, permettre, promettre, remettre, soumettre
je battrais tu battrais il battrait n. battrions v. battriez ils battraient	je batte tu battes il batte n. battions v. battiez ils battent	je battisse tu battisses il battît n. battissions v. battissiez ils battissent	bats battons battez	abattre, combattre
je suivrais tu suivrais il suivrait n. suivrions v. suivriez ils suivraient	je suive tu suives il suive n. suivions v. suiviez ils suivent	je suivisse tu suivisses il suivît n. suivissions v. suivissiez ils suivissent	suis suivons suivez	poursuivre
je vivrais tu vivrais il vivrait n. vivrions v. vivriez ils vivraient	je vive tu vives il vive n. vivions v. viviez ils vivent	je vécusse tu vécusses il vécût n. vécussions v. vécussiez ils vécussent	vis vivons vivez	
j' écrirais tu écrirais il écrirait n. écririons v. écririez ils écriraient	j' écrive tu écrives il écrive n. écrivions v. écriviez ils écrivent	j' écrivisse tu écrivisses il écrivît n. écrivissions v. écrivissiez ils écrivissent	écris écrivons écrivez	décrire, inscrire

不 定 形 分 詞 形	直　　　説　　　法			
	現　　在	半　過　去	単純過去	単純未来
25. connaître 知っている connaissant connu	je connais tu connais il connaît n. connaissons v. connaissez ils connaissent	je connaissais tu connaissais il connaissait n. connaissions v. connaissiez ils connaissaient	je connus tu connus il connut n. connûmes v. connûtes ils connurent	je connaîtrai tu connaîtras il connaîtra n. connaîtrons v. connaîtrez ils connaîtront
26. naître 生まれる naissant né	je nais tu nais il naît n. naissons v. naissez ils naissent	je naissais tu naissais il naissait n. naissions v. naissiez ils naissaient	je naquis tu naquis il naquit n. naquîmes v. naquîtes ils naquirent	je naîtrai tu naîtras il naîtra n. naîtrons v. naîtrez ils naîtront
27. conduire みちびく conduisant conduit	je conduis tu conduis il conduit n. conduisons v. conduisez ils conduisent	je conduisais tu conduisais il conduisait n. conduisions v. conduisiez ils conduisaient	je conduisis tu conduisis il conduisit n. conduisîmes v. conduisîtes ils conduisirent	je conduirai tu conduiras il conduira n. conduirons v. conduirez ils conduiront
28. suffire 足りる suffisant suffi	je suffis tu suffis il suffit n. suffisons v. suffisez ils suffisent	je suffisais tu suffisais il suffisait n. suffisions v. suffisiez ils suffisaient	je suffis tu suffis il suffit n. suffîmes v. suffîtes ils suffirent	je suffirai tu suffiras il suffira n. suffirons v. suffirez ils suffiront
29. lire 読む lisant lu	je lis tu lis il lit n. lisons v. lisez ils lisent	je lisais tu lisais il lisait n. lisions v. lisiez ils lisaient	je lus tu lus il lut n. lûmes v. lûtes ils lurent	je lirai tu liras il lira n. lirons v. lirez ils liront
30. plaire 気に入る plaisant plu	je plais tu plais il plaît n. plaisons v. plaisez ils plaisent	je plaisais tu plaisais il plaisait n. plaisions v. plaisiez ils plaisaient	je plus tu plus il plut n. plûmes v. plûtes ils plurent	je plairai tu plairas il plaira n. plairons v. plairez ils plairont
31. dire 言う disant dit	je dis tu dis il dit n. disons v. dites ils disent	je disais tu disais il disait n. disions v. disiez ils disaient	je dis tu dis il dit n. dîmes v. dîtes ils dirent	je dirai tu diras il dira n. dirons v. direz ils diront
32. faire する faisant [fzā] fait	je fais tu fais il fait n. faisons [fzɔ̃] v. faites ils font	je faisais [fzɛ] tu faisais il faisait n. faisions v. faisiez ils faisaient	je fis tu fis il fit n. fîmes v. fîtes ils firent	je ferai tu feras il fera n. ferons v. ferez ils feront

条　件　法		接　　続　　法		命　令　法	同型活用の動詞
現　　在		現　　在	半　過　去	現　　在	（注意）
je connaîtrais tu connaîtrais il connaîtrait n. connaîtrions v. connaîtriez ils connaîtraient		je connaisse tu connaisses il connaisse n. connaissions v. connaissiez ils connaissent	je connusse tu connusses il connût n. connussions v. connussiez ils connussent	connais connaissons connaissez	reconnaître ; paraître, apparaître, disparaître （t の前で i → î）
je naîtrais tu naîtrais il naîtrait n. naîtrions v. naîtriez ils naîtraient		je naisse tu naisses il naisse n. naissions v. naissiez ils naissent	je naquisse tu naquisses il naquît n. naquissions v. naquissiez ils naquissent	nais naissons naissez	renaître （t の前で i → î）
je conduirais tu conduirais il conduirait n. conduirions v. conduiriez ils conduiraient		je conduise tu conduises il conduise n. conduisions v. conduisiez ils conduisent	je conduisisse tu conduisisses il conduisît n. conduisissions v. conduisissiez ils conduisissent	conduis conduisons conduisez	introduire, produire, traduire ; construire, détruire
je suffirais tu suffirais il suffirait n. suffirions v. suffiriez ils suffiraient		je suffise tu suffises il suffise n. suffisions v. suffisiez ils suffisent	je suffisse tu suffisses il suffît n. suffissions v. suffissiez ils suffissent	suffis suffisons suffisez	
je lirais tu lirais il lirait n. lirions v. liriez ils liraient		je lise tu lises il lise n. lisions v. lisiez ils lisent	je lusse tu lusses il lût n. lussions v. lussiez ils lussent	lis lisons lisez	élire, relire
je plairais tu plairais il plairait n. plairions v. plairiez ils plairaient		je plaise tu plaises il plaise n. plaisions v. plaisiez ils plaisent	je plusse tu plusses il plût n. plussions v. plussiez ils plussent	plais plaisons plaisez	déplaire, taire （ただし taire の直・現・ 3 人称単数 il tait）
je dirais tu dirais il dirait n. dirions v. diriez ils diraient		je dise tu dises il dise n. disions v. disiez ils disent	je disse tu disses il dît n. dissions v. dissiez ils dissent	dis disons dites	redire
je ferais tu ferais il ferait n. ferions v. feriez ils feraient		je fasse tu fasses il fasse n. fassions v. fassiez ils fassent	je fisse tu fisses il fît n. fissions v. fissiez ils fissent	fais faisons faites	défaire, refaire, satisfaire

不 定 形 分 詞 形	直 説 法			
	現　　在	半　過　去	単　純　過　去	単　純　未　来
33. rire 笑う riant ri	je ris tu ris il rit n. rions v. riez ils rient	je riais tu riais il riait n. riions v. riiez ils riaient	je ris tu ris il rit n. rîmes v. rîtes ils rirent	je rirai tu riras il rira n. rirons v. rirez ils riront
34. croire 信じる croyant cru	je crois tu crois il croit n. croyons v. croyez ils croient	je croyais tu croyais il croyait n. croyions v. croyiez ils · croyaient	je crus tu crus il crut n. crûmes v. crûtes ils crurent	je croirai tu croiras il croira n. croirons v. croirez ils croiront
35. craindre おそれる craignant craint	je crains tu crains il craint n. craignons v. craignez ils craignent	je craignais tu craignais il craignait n. craignions v. craigniez ils craignaient	je craignis tu craignis il craignit n. craignîmes v. craignîtes ils craignirent	je craindrai tu craindras il craindra n. craindrons v. craindrez ils craindront
36. prendre とる prenant pris	je prends tu prends il prend n. prenons v. prenez ils prennent	je prenais tu prenais il prenait n. prenions v. preniez ils prenaient	je pris tu pris il prit n. prîmes v. prîtes ils prirent	je prendrai tu prendras il prendra n. prendrons v. prendrez ils prendront
37. boire 飲む buvant bu	je bois tu bois il boit n. buvons v. buvez ils boivent	je buvais tu buvais il buvait n. buvions v. buviez ils buvaient	je bus tu bus il but n. bûmes v. bûtes ils burent	je boirai tu boiras il boira n. boirons v. boirez ils boiront
38. voir 見る voyant vu	je vois tu vois il voit n. voyons v. voyez ils voient	je voyais tu voyais il voyait n. voyions v. voyiez ils voyaient	je vis tu vis il vit n. vîmes v. vîtes ils virent	je verrai tu verras il verra n. verrons v. verrez ils verront
39. asseoir 座らせる asseyant assoyant assis	j' assieds tu assieds il assied n. asseyons v. asseyez ils asseyent j' assois tu assois il assoit n. assoyons v. assoyez ils assoient	j' asseyais tu asseyais il asseyait n. asseyions v. asseyiez ils asseyaient j' assoyais tu assoyais il assoyait n. assoyions v. assoyiez ils assoyaient	j' assis tu assis il assit n. assîmes v. assîtes ils assirent	j' assiérai tu assiéras il assiéra n. assiérons v. assiérez ils assiéront j' assoirai tu assoiras il assoira n. assoirons v. assoirez ils assoiront

条　件　法	接　続　法		命　令　法	同型活用の動詞 （注意）
現　　在	現　　在	半　過　去	現　　在	
je rirais tu rirais il rirait n. ririons v. ririez ils riraient	je rie tu ries il rie n. riions v. riiez ils rient	je risse tu risses il rît n. rissions v. rissiez ils rissent	ris rions riez	sourire
je croirais tu croirais il croirait n. croirions v. croiriez ils croiraient	je croie tu croies il croie n. croyions v. croyiez ils croient	je crusse tu crusses il crût n. crussions v. crussiez ils crussent	crois croyons croyez	
je craindrais tu craindrais il craindrait n. craindrions v. craindriez ils craindraient	je craigne tu craignes il craigne n. craignions v. craigniez ils craignent	je craignisse tu craignisses il craignît n. craignissions v. craignissiez ils craignissent	crains craignons craignez	plaindre ; atteindre, éteindre, peindre; joindre, rejoindre
je prendrais tu prendrais il prendrait n. prendrions v. prendriez ils prendraient	je prenne tu prennes il prenne n. prenions v. preniez ils prennent	je prisse tu prisses il prît n. prissions v. prissiez ils prissent	prends prenons prenez	apprendre, comprendre, surprendre
je boirais tu boirais il boirait n. boirions v. boiriez ils boiraient	je boive tu boives il boive n. buvions v. buviez ils boivent	je busse tu busses il bût n. bussions v. bussiez ils bussent	bois buvons buvez	
je verrais tu verrais il verrait n. verrions v. verriez ils verraient	je voie tu voies il voie n. voyions v. voyiez ils voient	je visse tu visses il vît n. vissions v. vissiez ils vissent	vois voyons voyez	revoir
j' assiérais tu assiérais il assiérait n. assiérions v. assiériez ils assiéraient	j' asseye tu asseyes il asseye n. asseyions v. asseyiez ils asseyent	j' assisse tu assisses il assît n. assissions v. assissiez ils assissent	assieds asseyons asseyez	（代名動詞 s'asseoir として用いられることが多い. 下段は俗語調）
j' assoirais tu assoirais il assoirait n. assoirions v. assoiriez ils assoiraient	j' assoie tu assoies il assoie n. assoyions v. assoyiez ils assoient		assois assoyons assoyez	

不 定 形 分 詞 形	直　　　説　　　法			
	現　　　在	半　過　去	単　純　過　去	単　純　未　来
40. recevoir 受取る recevant reçu	je reçois tu reçois il reçoit n. recevons v. recevez ils reçoivent	je recevais tu recevais il recevait n. recevions v. receviez ils recevaient	je reçus tu reçus il reçut n. reçûmes v. reçûtes ils reçurent	je recevrai tu recevras il recevra n. recevrons v. recevrez ils recevront
41. devoir ねばならぬ devant dû, due dus, dues	je dois tu dois il doit n. devons v. devez ils doivent	je devais tu devais il devait n. devions v. deviez ils devaient	je dus tu dus il dut n. dûmes v. dûtes ils durent	je devrai tu devras il devra n. devrons v. devrez ils devront
42. pouvoir できる pouvant pu	je peux (puis) tu peux il peut n. pouvons v. pouvez ils peuvent	je pouvais tu pouvais il pouvait n. pouvions v. pouviez ils pouvaient	je pus tu pus il put n. pûmes v. pûtes ils purent	je pourrai tu pourras il pourra n. pourrons v. pourrez ils pourront
43. vouloir のぞむ voulant voulu	je veux tu veux il veut n. voulons v. voulez ils veulent	je voulais tu voulais il voulait n. voulions v. vouliez ils voulaient	je voulus tu voulus il voulut n. voulûmes v. voulûtes ils voulurent	je voudrai tu voudras il voudra n. voudrons v. voudrez ils voudront
44. savoir 知っている sachant su	je sais tu sais il sait n. savons v. savez ils savent	je savais tu savais il savait n. savions v. saviez ils savaient	je sus tu sus il sut n. sûmes v. sûtes ils surent	je saurai tu sauras il saura n. saurons v. saurez ils sauront
45. valoir 価値がある valant valu	je vaux tu vaux il vaut n. valons v. valez ils valent	je valais tu valais il valait n. valions v. valiez ils valaient	je valus tu valus il valut n. valûmes v. valûtes ils valurent	je vaudrai tu vaudras il vaudra n. vaudrons v. vaudrez ils vaudront
46. falloir 必要である — fallu	il faut	il fallait	il fallut	il faudra
47. pleuvoir 雨が降る pleuvant plu	il pleut	il pleuvait	il plut	il pleuvra

条　件　法	接　　続　　法		命　令　法	同型活用の動詞 （注意）
現　　在	現　　在	半　過　去	現　　在	
je recevrais tu recevrais il recevrait n. recevrions v. recevriez ils recevraient	je reçoive tu reçoives il reçoive n. recevions v. receviez ils reçoivent	je reçusse tu reçusses il reçût n. reçussions v. reçussiez ils reçussent	reçois recevons recevez	apercevoir, concevoir
je devrais tu devrais il devrait n. devrions v. devriez ils devraient	je doive tu doives il doive n. devions v. deviez ils doivent	je dusse tu dusses il dût n. dussions v. dussiez ils dussent		（過去分詞は du＝de＋ le と区別するために男 性単数のみ dû と綴る）
je pourrais tu pourrais il pourrait n. pourrions v. pourriez ils pourraient	je puisse tu puisses il puisse n. puissions v. puissiez ils puissent	je pusse tu pusses il pût n. pussions v. pussiez ils pussent		
je voudrais tu voudrais il voudrait n. voudrions v. voudriez ils voudraient	je veuille tu veuilles il veuille n. voulions v. vouliez ils veuillent	je voulusse tu voulusses il voulût n. voulussions v. voulussiez ils voulussent	veuille veuillons veuillez	
je saurais tu saurais il saurait n. saurions v. sauriez ils sauraient	je sache tu saches il sache n. sachions v. sachiez ils sachent	je susse tu susses il sût n. sussions v. sussiez ils sussent	sache sachons sachez	
je vaudrais tu vaudrais il vaudrait n. vaudrions v. vaudriez ils vaudraient	je vaille tu vailles il vaille n. valions v. valiez ils vaillent	je valusse tu valusses il valût n. valussions v. valussiez ils valussent		
il faudrait	il faille	il fallût		
il pleuvrait	il pleuve	il plût		

表紙デザイン 　：　有限会社 ディ・シィ・カンパニー
本文レイアウト 　：　石井　裕子
本文・表紙イラスト 　：　酒井　うらら

京(みやこ)
エリックと京の物語：文法編　改訂版

検印 省略	© 2021 年 1 月 15 日　初 版 発 行

著　者　　　　セ シ ル・モ レ ル
　　　　　　　小　林　亜　美
　　　　　　　久 田 原　泰　子
発行者　　　　原　　雅　久
発行所　　　　株 式 会 社 朝 日 出 版 社

101-0065　東京都千代田区西神田 3-3-5
電話直通　(03)3239-0271/72
振替口座　00140-2-46008
http://www.asahipress.com/

組　版　　　　有限会社ファースト
印　刷　　　　図書印刷株式会社

乱丁、落丁本はお取り替えいたします。
ISBN978-4-255-35317-3　C1085

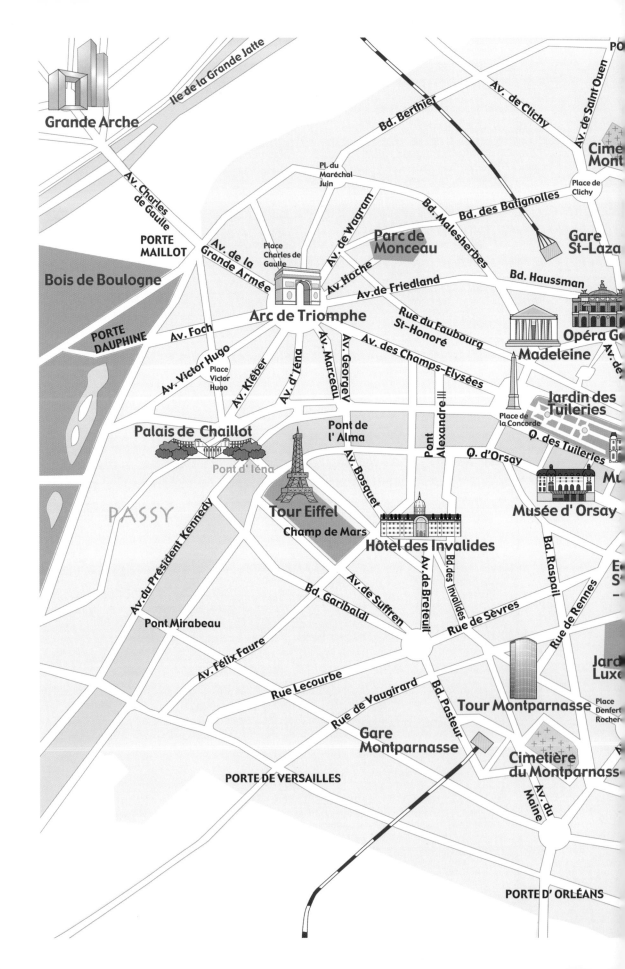

Grande Arche

Île de la Grande Jatte

Av. de Clichy

Av. de Saint Ouen

Bd. Berthier

Av. Charles
de Gaulle

PORTE
MAILLOT

Bois de Boulogne

PORTE
DAUPHINE

Av. Foch

Av. Victor Hugo

Place
Victor
Hugo

Av. Kléber

Pl. du
Maréchal
Juin

Bd. Malesherbes

Bd. des Batignolles

Place de
Clichy

Gare
St-Laza

Av. de Wagram

Parc de
Monceau

Place
Charles de
Gaulle

Av. de la
Grande Armée

Arc de Triomphe

Av. Hoche

Av.de Friedland

Bd. Haussman

Rue du Faubourg
St-Honoré

Opéra G

Av. de

Madeleine

Av. d'Iéna

Av. Marceau

Av. George V

Av. des Champs-Elysées

Pont
Alexandre III

Place de
la Concorde

Jardin des
Tuileries

Q. des Tuileries

Palais de Chaillot

Pont d' Iéna

PASSY

Pont de
l' Alma

Av. Bosquet

Pont d'Orsay

Q. d'Orsay

Mu

Musée d' Orsay

Tour Eiffel

Champ de Mars

Hôtel des Invalides

Av. du Président Kennedy

Pont Mirabeau

Av. Félix Faure

Bd. Garibaldi

Av. de Suffren

Av.de Breteuil

Bd. des Invalides

Rue de Sèvres

Bd. Raspail

Rue de Rennes

E
S

Rue Lecourbe

Rue de Vaugirard

Bd. Pasteur

Tour Montparnasse

Jard
Luxe

Place
Denfert
Rocher

Gare
Montparnasse

Cimetière
du Montparnass

PORTE DE VERSAILLES

Av. du
Maine

PORTE D' ORLÉANS

Cime
Mont